$$5 \times 2 = 9$$

Ángeles Caso, Espido Freire,
Eugenia Rico, Rosa Regàs,
Lourdes Ventura

5 × 2 = 9
Diez miradas contra la violencia de género

SILVIA PÉREZ Y FERNANDO MARÍAS, EDITORES

EDICIONES PENÍNSULA

BARCELONA

Primera edición: abril de 2009.
© de las fotografías: Concha Casajús, 2009
© de esta edición: Grup Editorial 62, S.L.U.,
Ediciones Península,
Peu de la Creu 4, 08001-Barcelona.
correu@grup62.com
grup62.com

VÍCTOR IGUAL · fotocomposición
NOVAGRÀFIK · impresión
DEPÓSITO LEGAL: B. 12.219-2009.
ISBN: 978-84-8307-881-5

$5 \times 2 = 9$
DIEZ MIRADAS CONTRA
LA VIOLENCIA DE GÉNERO

El miedo tiene corazón y pulmones. Respira y late. Tiene rostro, manos y ojos. Puede mirar, mirarnos.

Pero, por encima de todo, puede también hablar.

Durante los meses de septiembre y octubre de 2008 tuvieron lugar las reuniones que se recogen en este libro. Cinco escritoras españolas comprometidas contra la violencia de género —Ángeles Caso, Espido Freire, Rosa Regàs, Eugenia Rico y Lourdes Ventura— se reunieron individualmente con otras tantas mujeres de distintas edades y clases sociales que en algún momento de sus vidas, en ocasiones a lo largo de muchos años, sufrieron malos tratos por parte de sus parejas. La palabra de la quinta de esas mujeres, asesinada años atrás por su maltratador, cobró vida en boca de su hijo, y ese relato cierra el libro y también le da título: la muerte, la ausencia que provoca la muerte, hace que cinco por dos sean nueve.

Las víctimas relataron sus experiencias a las autoras, que las orientaron sobre la mejor manera de ponerlo todo por escrito. Esos cinco textos componen la mitad del libro. No es una palabra precisa, no es una palabra poética, no es una palabra literaria... Es una palabra sentida, una palabra vivida, una palabra sufrida.

La otra mitad pertenece a las escritoras, que aportaron su mirada para narrar la experiencia y retratar a las protagonistas. Se reclamó para el prólogo el criterio profesional del profesor Enrique Echeburúa, catedrático de Psicología de la Universidad del País Vasco y la fotógrafa Concha Casajús dejó testimonio visual de los encuentros, hasta donde permitió la seguridad de algunas de las mujeres, todavía amenazadas. El libro no habría sido posible sin la colaboración de la Fundación Instituto de Victimología, y de todos sus patronos.

El miedo vive, pero la palabra puede llegar a arrinconarlo.

SILVIA PÉREZ Y FERNANDO MARÍAS, editores

arrinconar = übersehen,
in eine Ecke legen

PRÓLOGO

Me resulta muy grato prologar este libro. Al aprecio litera-
rio que tengo a las autoras se une el interés de un tema que
genera una honda preocupación social y que está enfocado
de una forma novedosa. La integración de los testimonios
sobrecogedores de las víctimas con los comentarios agudos
y escritos con elegancia literaria de las escritoras da por resultado un libro de biografías veraz, que denuncia el drama
de la violencia contra la mujer con un lenguaje exento de
tecnicismos y que puede ser del agrado de muchos poten-
ciales lectores.

Se han publicado diversos libros sobre la violencia de
género. Se trata, en general, de ensayos generales sobre este
tema o de libros técnicos para especialistas, en donde se
hace un análisis sobre las causas del problema, se describen
las consecuencias físicas o psicológicas del maltrato sobre las
víctimas o se proponen soluciones específicas desde una
perspectiva jurídica, social o psicológica. Algunos de estos
textos son estimables y suponen una guía muy útil para los
profesionales que trabajan con este tipo de víctimas.

Sin embargo, este libro es diferente porque se basa en el
testimonio real de cinco víctimas (en realidad, de cuatro y
del hijo de una quinta, asesinada por su pareja), puesto sobre el papel con la ayuda de cinco escritoras, que, además,
han aportado sus impresiones sobre las víctimas y elabora-

do unos comentarios sobre los testimonios descritos. Esto es lo que dota de originalidad y de frescura a este libro: los relatos estremecedores de las víctimas y las aportaciones literarias, al hilo de estos relatos, de cinco escritoras españolas de renombre comprometidas contra la violencia de género: Ángeles Caso, Espido Freire, Rosa Regàs, Eugenia Rico y Lourdes Ventura. No deja de ser significativa esta sensibilidad *femenina* por abordar comprometidamente, pero con rigor, un tema que afecta especial y dramáticamente a las mujeres.

Las agresiones repetidas y prolongadas se producen sobre todo en situaciones de cautiverio, cuando la víctima es incapaz de escapar del control del agresor al estar sujeta a él por la fuerza física o por vínculos económicos, legales, sociales o emocionales. El hogar es, paradójicamente, el lugar en donde es más probable el maltrato físico y emocional. Raro es el día en que los medios de comunicación no abordan incidentes trágicos relacionados con este problema. Además, y al contrario de lo que sucede con los hombres, más de las dos terceras partes de los actos violentos perpetrados contra las mujeres son cometidos en el seno de la familia. No es fácil encontrar una explicación sencilla a este hecho. Si la violencia tiene de por sí un efecto destructivo y resulta siempre irracional, lo es mucho más cuando se ejerce en un entorno (la familia) del que se espera cariño y apoyo mutuo.

A pesar de las apariencias, ni los casos de maltrato han aumentado ni se trata de una epidemia moderna. Sin embargo, se ha producido un hecho de sensibilización social frente a esta realidad que ha supuesto una mayor difusión del problema por parte de los medios de comunicación, una toma de conciencia por parte de las autoridades, una alerta de la opinión pública y una actitud de rechazo por el conjunto de la sociedad. La violencia doméstica contra la mujer no es precisamente un mal de nuestro tiempo. Pero ahora más que nunca la sociedad tiene conciencia de que existe y de que no debe ocultarse por una mal entendida razón de familia.

En realidad, lo que aflora al exterior es mucho menos de lo que realmente ocurre. Por increíble que parezca, aún hay mujeres que no reconocen las agresiones que reciben y que se engañan a sí mismas convenciéndose de que las cosas no están tan mal y de que pueden evitar nuevos abusos si se muestran perseverantes. Otras creen ingenuamente —es el caso de Olga en el libro— que tener hijos va a poner fin al maltrato. En otros casos son los propios padres quienes animan a las víctimas a tener paciencia («aguanta, hazlo por tus hijos»; «hija, no le provoques, haz todo lo que te dice, evita discutir»: son las recomendaciones de los padres de Sara a su hija en el libro). De hecho, en más del 50 por ciento de los casos denunciados el maltrato se mantiene desde hace más de diez años. No es infrecuente que, en un intento de buscar explicaciones a la violencia, las víctimas terminen por autoinculparse y por atribuir la violencia a errores en su conducta. El peso de la familia es tan importante en las mujeres que les cuesta aceptar el error en su elección de pareja y reconocer la cruda realidad. Por ello, tienden a mantener la esperanza irracional de que la situación va a cambiar, *como si ocurriera un milagro*. Así se ve en el libro, por ejemplo, en el caso de Mariquilla: «Me da pena...; cuando yo lo cuide, cuando se sienta cuidado y en su casa, cambiará».

Las mujeres deben aprender a protegerse y, especialmente, a detectar tempranamente los *amores tóxicos*. Aún hay mujeres que se ocultan a sí mismas las agresiones que reciben y que construyen una narrativa equivocada de lo que les está ocurriendo. El momento clave, cuando la mujer tiene mayor capacidad de elección, es al comienzo de la relación, cuando se está en la fase de exploración mutua. A veces el instinto le dice a la mujer (como ocurre, por ejemplo, en el caso de Olga) que un chico no es trigo limpio y, de hecho, algunas señales hacen sonar la alarma: celos, accesos de ira, deseos de control, actos de crueldad, actitudes machistas, conductas rígidas, etcétera. Es entonces cuando una mujer puede percatarse, más allá de los sentimientos y de la pasión del noviazgo, de que existe una realidad negativa que no coincide con sus deseos. Al margen de que siempre se puede hacer algo para salir de una situación de opresión, más tarde la situación se vuelve más complicada porque la mujer cuenta con una serie de hipotecas: una historia de amor, hijos, dependencia económica, etcétera.

Cualquier mujer puede ser víctima de maltrato, pero hay algunas mujeres que son más vulnerables, como las que se emparejan muy jóvenes, tienen un nivel cultural bajo, dependen económicamente del agresor, han sido víctimas de maltrato o de abusos en la infancia, muestran carencias afectivas, tienen baja autoestima o son débiles emocionalmente, se mueven en entornos marginales y cuentan con una red limitada de apoyo familiar y social. Así, por ejemplo, las mujeres inmigrantes pueden ser presa fácil de la violencia de pareja porque proceden de una cultura patriarcal, con muchos componentes machistas, tienen pocos apoyos familiares y sociales y viven en un entorno cerrado, endogámico, con un fuerte control sobre sus componentes.

Los efectos del maltrato crónico son devastadores para la víctima, tanto a nivel físico como a nivel psíquico. Las enfermedades, la falta de ganas de vivir y la pérdida de calidad de vida hacen estragos en estas mujeres. En los testimonios estremecedores de este libro aparecen la depresión, el miedo constante, la pérdida de autoestima, la ambivalencia afectiva, el aislamiento social, los sentimientos de culpa (en el caso de Ana), incluso los intentos de suicidio (como ocurre en los casos de Sara y Mariquilla).

Pero hay otras víctimas pasivas de la violencia contra la mujer, que son los hijos de estas parejas, y a los que, en general, se ha prestado poca atención. Crecer en un entorno de violencia, en donde el menor es testigo de las agresiones físicas y psicológicas de su padre (o padrastro) hacia su madre, supone una interferencia emocional grave en el desarrollo psicológico. Muchos de estos menores presentan síntomas psicopatológicos, tales como terrores nocturnos, problemas de alimentación, ansiedad, estrés, sentimientos de culpa, baja autoestima, bloqueo de emociones, abuso de alcohol/drogas o dificultades de adaptación. Y no pocos de ellos, especialmente los hijos varones, corren el riesgo de convertirse ellos mismos con el tiempo en adultos violentos, al considerar la violencia como una estrategia efectiva de solución de problemas. En el libro se ilustra el caso de Alejandro, hijo de Mari Carmen (asesinada por su pareja), y se ven sus vaivenes emocionales, su malestar físico (dolores de estómago, ataques de ansiedad) y su inestabilidad familiar, así como la necesidad de someterse a una terapia prolongada para reconstruir emocionalmente su pasado.

Sin embargo, y por paradójico que resulte, los sucesos traumáticos pueden servir a veces para sacar lo mejor de cada persona. Muchas víctimas se sorprenden de la fortaleza que son capaces de mostrar ante una situación de adversidad. Hay una capacidad del ser humano para rehacerse frente a los embates de la vida, como si el trauma vivido hubiera desarrollado en la persona recursos latentes e insospechados. Este crecimiento postraumático puede referirse concretamente a tres áreas: a) cambios en una misma (aumento de los propios recursos psicológicos); b) cambios en las relaciones interpersonales (fortalecimiento de las relaciones con los verdaderos amigos); y c) cambios en la espiritualidad y en la filosofía de la vida (modificación en la escala de valores). Así, por ejemplo, en el libro la historia dramática de Alejandro le ha servido, según su propia confesión, para consolidar su matrimonio y sentirse apoyado por su mujer.

Algunas víctimas quedan marcadas de por vida y, presas del rencor, de la amargura o, simplemente, del desánimo, llevan una vida anodina y sin ilusión; otras, tras una reacción psicológica intensa, son capaces de hacer frente al dolor, de readaptarse parcialmente a la situación y de atender a sus necesidades inmediatas; y hay otras, por último, que sacan fuerzas de flaqueza del dolor, prestan atención a los aspectos positivos de la realidad, por pequeños que éstos sean, y son incluso capaces de embarcarse en proyectos de futuro ilusionantes.

Superar un trauma requiere tiempo. De lo que se trata, en definitiva, es de que la víctima comience de nuevo a *vivir* y no meramente se resigne a *sobrevivir*. Siempre hay que mirar hacia el futuro. El objetivo principal es deshacerse del resentimiento y de la *mochila* del sufrimiento. Como decía Unamuno, debemos mirar más que somos padres de nuestro porvenir que hijos de nuestro pasado.

En cuanto a los agresores, no hay un perfil único del maltratador, pero en el libro se atisban rasgos que son comunes a muchos de ellos. Así, aparecen en los testimonios recogidos los celos, las conductas controladoras, la ira, las actitudes machistas, el abuso de alcohol y drogas, el afán de dominación, la falta de empatía, las agresiones sexuales (en los casos de Mariquilla y Olga), las actitudes de menosprecio, las conductas psicopáticas (en el caso de Olga), incluso las desviaciones sexuales (en el caso de Sara). En algunas circunstancias los agresores pueden llegar al asesinato (en el caso de Mari Carmen) o al intento de asesinato (en el caso de Ana). En general, la peligrosidad del maltratador se acentúa cuando hay violencia física habitual, cuando los celos o las conductas controladores están presentes, cuando hay amenazas de muerte y cuando la mujer decide abandonarlo.

Combatir contra la violencia de género es una tarea de toda la sociedad. No es una cuestión que compete sólo a los jueces, a la policía o a los legisladores. La Ley Integral contra la Violencia de Género ha mejorado el nivel de protección de las mujeres, pero sus limitaciones han puesto de relieve el profundo enraizamiento social de los hábitos culturales y de las pautas sociales que siguen alimentando el machismo. Por ello, la solución hay que buscarla en tres frentes: el familiar, cuya función es educar con el cariño y con la ausencia de conductas violentas en el hogar; el escolar, que es una labor a largo plazo de formación en la igualdad desde la infancia y en la censura de toda conducta violenta; y el policial/judicial, más inmediato, que permite adelantarse al agresor, aumentando las medidas de protección de la víctima.

Y llego ya al párrafo final porque ya es hora de dar paso a las autoras del volumen. Hay muchos libros sobre violencia familiar en el mercado editorial. Algunos son muy teóricos o muy técnicos; otros, muy ideologizados, están al servicio del debate político. Éste no es el caso. Amigo lector, tiene usted un buen texto entre las manos. Léalo con atención, reflexione sobre su contenido y saque sus propias conclusiones.

ENRIQUE ECHEBURÚA ODRIOZOLA
Catedrático de Psicología Clínica
Universidad del País Vasco
Miembro del Consejo Asesor
de la Fundación Instituto de Victimología

Mariquilla

ESPIDO FREIRE

Mariquilla

¿Qué importa mi nombre?

De pequeña me decían Mariquilla, nací en Córdoba y tengo setenta y seis años. No sé leer ni escribir, pero sí puedo contar mi historia para que sirva de ejemplo, para que otras mujeres no pasen lo mismo que yo. También quiero dedicar mi testimonio a Manolo, que hace tanto tiempo fue mi único y verdadero amor.

Estuve casada durante veinticinco años y tuve tres hijos. Tenía dieciocho años cuando conocí a mi maltratador. Fuimos novios durante once años. Toda una vida junto a un hombre tan vil.

Nací el 25 de diciembre de 1932, y fui bautizada en la Mezquita de Córdoba. Padecí la guerra, la posguerra, viví en refugios, pasé hambre, acarreé leña, pedí limosna... Sufrí lo indecible, y luego, al llegar a Madrid, me encontré con este tiparraco.

Vengo de una familia de pulidores y joyeros, mi madre era sastra y mi padre impresor. Estudiaba segundo de Periodismo cuando estalló la guerra. Lo fusilaron el 24 de septiembre de 1936, con sólo treinta y cuatro años. Mi madre, con veinticuatro, quedó viuda con dos hijos y un tercero en camino. La guerra te lo quita todo. A los diecisiete días asesinaron a mi abuelo materno, aparejador de obra. También mataron a uno de mis tíos maternos. Hasta el día de hoy no sabemos dónde está. Sigue desaparecido, o enterrado por algún camino. En las cunetas ha quedado mucha gente que no se puede levantar, y necesitan un lugar donde descansar.

A los fusilados los amontonaban en un camión y luego los tiraban en una fosa común. Mi madre, embarazada y acongojada, no podía soportar que mi padre quedara en una cuneta sin un entierro digno. Lavó tres o cuatro cadáveres hasta que encontró el suyo. Tenía la cara destrozada. Una de mis tías lo reconoció por un calcetín y un zapato. Lo colocó en una caja de cartón por todo féretro, en medio de la fosa común.

Yo sólo tenía tres años y me quedé huérfana para siempre. Como mi pobre madre no podía hacerse cargo de tantos niños, me metieron interna en un orfanato. Algunas veces mi madre venía a recogerme y volvía a casa, lo recuerdo perfectamente. Vivíamos en una especie de corrala, con los amigos del barrio, a los que queríamos mucho y que nos querían a nosotras. Recorríamos las calles pidiendo limosna y acarreábamos leña para Jesús, el dueño del horno, que nos daba chuscos de pan. Con eso, nuestras madres hacían en el patio, en un perolo muy grande y sobre una candela, unas migas o sopas de ajos que nos sabían a gloria bendita. Parecíamos indios, bailando y saltando alrededor del fuego.

Me echaron del colegio de huérfanos cuando mi madre se volvió a casar. El marido sólo le duró un año. Murió de tuberculosis, y ella quedó otra vez viuda y pobre. Coralia, una vecina, se hizo cargo de mí. Con seis años le hacía los recados, como lavarle la ropa o fregar los suelos. Hasta los dieciocho estuve con ella, y creo que le debo todo lo que soy. Coralia también sufrió mucho por su marido, que era muy mujeriego. Ella me mandaba que lo espiase, y yo, pacientemente, obedecía. Me escondía dentro de una carbonera para averiguar si iba al bar o la Taberna del Gallo, y con quién se juntaba. Coralia era la mujer más guapa que había en Córdoba. Se parecía a la reina Soraya, aquella repudiada por el rey de Persia por no haberle dado descendencia, con esos increíbles ojos verdes. Yo vigilaba al marido y se lo contaba todo para que me diera a cambio algo de ropa. Un jersey o un abrigo me costaban un año de espionaje.

Yo cantaba y bailaba muy bien, y tocaba maravillosamente las castañuelas. La gente se apostaba en las ventanas para escucharme. Quería ser artista. Me iba a estudiar a la clase de Educación y Descanso. Mi hermano, que no quería que asistiera a la escuela, iba a buscarme a la salida y me daba una soberana paliza. Decía que eso «era de fulanas». Yo, que entonces bailaba tan bien por bulerías, hoy no soy nadie. Cuando el Príncipe Gitano vio mi talento quiso llevarme a una compañía en el Teatro Calderón en Madrid, pero mi madre no me dejó. Intenté convencerla, explicándole que así no nos faltaría para comer, que yo le mandaría dinero... Siempre buscando una salida para poder comer.

Cuando me fui de casa de Coralia llegué a pedir limosna por las calles. No quería casarme con ningún mozo de Córdoba, me parecían muy golfos, siempre por los bares, y yo aspiraba a algo más. Pero todos los chicos me seguían. Era tan guapa y tenía tanto salero... Tenía un pelo precioso, lleno de tirabuzones, y cuando me lo adornaba con una palmita de jazmines para ir a vender agua a la plaza de toros, muchos mozos me seguían. Yo me ponía en la puerta con mis amigas Paqui y Loli y les preguntaba en broma: «¿Y ahora con quién me voy?». Pero todavía era muy joven, y no me dejaban salir.

Con sólo trece años mi ilusión era casarme con un legionario. Me ponía un vestido blanco precioso y me situaba en un marmolillo de mi casa, justamente al lado de la calle por la que pasaban todos los soldados, de camino al cuartel. Con tal de ver a los legionarios y a la cabra hacía cualquier cosa. Les gritaba, «¡Decidme algo!», y volvía a casa llorando porque sólo piropeaban a Paqui. Claro que no era para menos, mi amiga era muy bella, parecía una odalisca con sus enormes ojos negros. Pero no me desanimaba, al otro día cambiaba de lugar los jazmines del pelo para ver si así me miraban mejor.

Entonces estaba de moda la película *Gilda*. Coralia, después de mucho espiar para ella, me había regalado unos zapatos rojos con cordones que se ataban a la pantorrilla. Me los ponía con mucho cuidado, veces contadas, porque no quería que se gastaran. Volvía a colocarme en mi marmolillo, y cuando pasaban los legionarios les mostraba los zapatos rojos. Pero seguían sin hacerme caso, hasta que decidí ir al cuartel de los legionarios. «Ya verás como éstos me dan algo», pensaba. Al soldado de la entrada le pedí las sobras del rancho de la víspera para darles de comer a mis hermanos. Fue a preguntarle al cabo de guardia y me dejaron pasar. Me dieron un perolo lleno y una cantimplora con café, y cuando me iba para casa, tan contenta, me atreví a preguntarles por qué no me echaban piropos.

—Es que siempre vamos muy rápido y no tenemos tiempo para fijarnos en esas cosas —me contestaron.

—¿Ah, sí? —les azucé—. Pues bien que a mi amiga Paqui os da tiempo para mirarla y decirle cosas bonitas. Mañana me voy a poner una falda de vestir a la virgen gitana y una blusa muy bonita, ya veréis.

Y me fui. Entonces uno de los soldados me gritó:

—¡Adiós, morena!

Y yo me volví a casa tan contenta.

—¡Mamá! ¡Mamá! Me han dicho «¡hola morena!» —grité al entrar.

Todo mi afán era conseguir alimento para mis hermanos. Me pasaba el día, desde la madrugada hasta altas horas de la noche, fregando patios. Los tenía muy brillantes, echándoles aceite y vinagre para que resplandecieran aún más. Algunos estaban llenos de camelias o azucenas. Cantaba en esos patios preciosos, y me sentía «una ruiseñora».

Muchos amigos pedíamos limosna por las calles. Íbamos casi en cueros y descalzos, pero aún así nos sentíamos felices. Mi madre me fabricó unas hermosas sandalias con suela de cartón, que iban anudadas a los tobillos con cordones. Pensar que en aquel entonces las chanclas de playa eran todo un lujo y sólo se podían usar los domingos... Y eso, las privilegiadas que las tenían.

Manolo, un chaval de la pandilla, era por entonces mi gran amor, aunque nunca me animé a decirle que le quería. Tenía afición por los toros, quería ser un gran matador. Siempre me decía que cuando llegara a ser torero todos comeríamos muy bien.

Por las noches, además de robar melones y sandías por los alrededores, íbamos escondidos a las capeas. Una de aquellas veces yo llevaba un vestido colorado, y vino a por mí un toro bravo. Manolo, por defenderme, se interpuso entre el animal y mi cuerpo, y el toro lo corneó sin contemplaciones. Hubo que llevarlo al hospital, muy grave. Lo quería tanto, sufrí tanto... Pocos días después, el 24 de agosto, Manolo moría desangrado. Yo tenía dieciséis años y me inventé esta poesía para él, mi verdadero amor, que recito de memoria:

Éramos muchos amigos
que juntos íbamos pidiendo.
Andábamos por las calles
descalzos y medio en cueros.

Uno fue muy desgraciado
por su maldita afición,
un gitano que ante un toro
se olvidaba del dolor.

Mariquilla, me decía,
yo tengo que ser torero,
pídeselo tú a la virgen,
a esa que está en el cielo.

Si algún día llego a serlo
ya no pediremos más,
tendremos vestidos y zapatos
y coches sin trabajar.

Y su hermano le decía:
Manolo no pienses en eso,
mira que un toro te mata
y yo de pena me muero.

Y yo, ciega de agonía,
le empujaba a la afición
porque ya estaba aburrida
de caminar por la vida
como un barco sin timón.

La cuadrilla de los munchos
se quedó sin el chaval,
un 24 de agosto moría en el hospital.

Sor Macarena me dijo
que decía al expirar:
¿adónde estás, Mariquilla?
Ven, que no te veo más.

Pero yo andaba pidiendo
para poderle comprar
cuartillo y medio de leche
que no se pudo tomar.

Siempre tendremos presente
tu recuerdo, Chaparral.
Y los que aquí nos quedamos
pediremos en adelante
hasta poder trabajar.

Como no sabía escribir, me iba a la puerta de los cines de verano y les preguntaba a los porteros qué artistas trabajaban ese día. Podían ser Jorge Negrete, Carmen Sevilla o Juanita Reina, y yo entonces les preguntaba cómo se escribía, por ejemplo, la jota. El portero del cine de la Magdalena fue quien me enseñó a dibujar las letras. Yo iba cada día, y cada día aprendía una letra nueva.

Seguía fregando y fregando. Le pasaba todo el dinero a mi madre, y siempre pedía adelantos para sobrevivir entre tanta miseria. También pedíamos en las lecherías, y a veces nos daban calostros que nuestras madres mezclaban con achicorias sobrantes de los bares. Los platos típicos eran el huevo frito, el picadillo y el minguito. Por fregarle la acera y los cristales, la dueña de la pastelería donde se vendían los manoletes nos daba todos los piquitos que sobraban.

Tomé la decisión de emigrar a Madrid porque no podía soportar ver a mi madre lavar pilas y pilas de ropa con la espalda doblada. Trabajaba en un hotel fregando sábanas, y no le llegaba el dinero ni para una comida digna. Estaba muy delgada, muy abatida. Me daba mucha pena verla así.

Con las señas de mi amiga Dulce como única brújula,

me colé en la garita de un tren de mercancías. Pasé dos noches y tres días escondida entre burros y paja, pasando mucha hambre y mucho miedo. Por la noche lloraba desconsoladamente, y por momentos me arrepentía de haberme lanzado a esa aventura. Tenía dieciocho años, e iba indocumentada. Durante la guerra se había perdido, quemado o destruido mi acta de nacimiento, toda mi identidad, y ni siquiera podía optar a un billete de la beneficencia.

Mi primer trabajo fue con don Torcuato Luca de Tena, director del *ABC*, en la Colonia del Viso. Al lado vivían Luis Miguel Dominguín y Lucía Bosé, me acuerdo mucho de Miguel Bosé de niño, era un trasto de mucho cuidado. Allí conocí a lo mejor de la aristocracia madrileña. Llevaba un uniforme hecho a medida en una tienda de la calle Serrano. Pero lo que no me gustaba de ese trabajo eran las reuniones y cenas que se hacían hasta altas horas de la madrugada. Me acostaba muy tarde, y al otro día tenía que trabajar como si nada. Estaba muy cansada. Una vez se lo comenté a la señorita Asunción, vecina a la que le llevaba el pan y directora del conservatorio de música. Su padre necesitaba una doncella, y ésa fue la solución.

Me fui a trabajar con el padre de esta vecina y su esposa, una francesa profesora de arpa. Mi señor era poeta y profesor en la universidad. Se llamaba Eduardo del Palacio Fontán y era el Presidente del Ateneo de Madrid. Organizaba unas maravillosas tertulias, en las que aprendí mucho y conocí a intelectuales muy encumbrados. Llegaban también de visita la reina Fabiola, Álvaro de la Iglesia, Concha Espina, Cubiles, el maestro Rodrigo... Fue precisamente en esa casa donde el maestro compuso «Balada para Elisa».

Yo era la encargada de repartirles la merienda. En total éramos cuatro doncellas, la cocinera y dos jardineros, tío y sobrino. Uno de ellos, Antonio, sería mi futuro marido, mi maltratador.

Por entonces me daban mucha lástima, siempre iban muy sucios y desarreglados, no se lavaban. Recuerdo que un día uno de los niños de esa familia preguntó:

—¿Hoy es fiesta?

—No. ¿Por qué lo preguntas, niño? —quiso saber Antonio.

—Porque hoy también se ha lavado Mariquilla. Se lava todos los días.

Y es que en nuestra casa, aunque pobres, siempre habíamos sido muy limpios. Mi madre, cuando regresaba de trabajar, nos bañaba a los tres hermanos. Me acuerdo que, si llovía, nos colocábamos debajo de los canalones para mojarnos, como si así la ayudáramos en esa tarea. Me aclaraba el pelo con vinagre y siempre lo llevaba muy brillante. A pesar de no tener nada, nos inventábamos formas de maquillarnos con las amigas. Usábamos como lápiz de ojos cerillas usadas, geranios para los labios y como colorete triturábamos ladrillos hasta conseguir un polvo muy fino, para que no nos hiciera daño en las mejillas. Siempre me adornaba con mi ramito de flores. Donde hoy existe un gran centro comercial en la calle Serrano había una casa baja donde vendían huevos y gallinas. Allí nos reuníamos las amigas cuando librábamos, y yo les enseñaba a bailar sevillanas. Todos los soldados que pasaban por la zona se detenían para vernos bailar. Ahora ya no bailo sevillanas. Con lo bien que yo bailaba, y ahora ya no me queda nada...

Cuando pensaba en Antonio lo hacía con profunda pena. «Pobrecillo —pensaba—, tiene que entregar todo el dinero a su madre y encargarse de todo». Cuando mi señora intentaba disuadirme de que siguiera pensando en él, yo le respondía con optimismo: «Ya verá, señora, cuando se vea limpito y cuidado, en su casita, seguro que cambiará». Mi señora intentaba convencerme con ahínco de que no entrara en esa familia. «Son muy violentos», me advertía. Pero a pesar de todo, y como vieron que no había forma de que cambiara de opinión, al final accedieron a ayudarnos. Para que él pudiera ahorrar y tener la oportunidad de dar la entrada de un piso, que mis señores sabían que era mi máxima ilusión, acordaron también darle de comer y de cenar. Pero la situación no se movía; ante la perspectiva de mis amores con Antonio, mis señores decidieron mandarme a Francia, a la casa de uno de sus primos, el cónsul general español, para que me olvidara definitivamente de él. Sabían que no me merecía, y que yo podía aspirar a un hombre mejor que él.

Pero cuando me tocaban las vacaciones no tenía adónde ir, y volvía a España, a la casa de mis señores, donde me encontraba de nuevo con él.

Cuando el cónsul cumplió sus cuatro años de servicio hubo de regresar a España y yo con él. Pero desde Holanda me reclamó el encargado de negocios de la embajada española, y para mí nada era una barrera. Por ejemplo, había aprendido francés rápidamente, aunque eso sí, un francés chapucero, con mucho acento andaluz. De mi mísero sueldo le mandaba a mi madre, cada mes y religiosamente, 125 pesetas para que nada le faltara. Mis nuevos señores tenían tres hijos, y yo me encargaba de cuidar a los niños. Como tenía novio en España, o eso sentía yo, no salía nunca, y aunque conocí a un capitán de marina que suspiraba por mis huesos, nunca accedí a sus pretensiones. Estaba comprometida, y una y otra vez volvía con Antonio, aunque a veces, muchas veces, pensaba en abandonarle, porque seguía siendo incapaz de mostrarse dulce, de regalarme una sola caricia. Así transcurrieron los once años de noviazgo. Durante ese tiempo, nada ni nadie consiguió quitármelo de la cabeza. Era un gran bailarín, y podía seducir a cualquier mujer. Se trajinó a todas las doncellas y cocineras del Viso. Yo no sé qué le veíamos. Era de esos hombres que cuando satisfacía su deseo sexual sentía asco por la mujer.

Me casé de blanco en diciembre, en la iglesia de San Agustín, el último año en que se celebraba el día de la madre durante ese mes. Mis señores fueron los testigos. Tenía veintinueve años, y como mandaba la tradición me casé virgen. Antonio, después, me dijo muchas veces:

—Me he *casao* contigo porque no te has *dejao*.

Yo le contestaba, incluso delante de sus amigos:

—Ojalá me hubiese *dejao*, así nunca te habrías casado conmigo.

Aquellos tiempos eran muy malos para una mujer. Me hubiese gustado tener más experiencia y poder decidir. Aquello entonces no era posible, no podía darle ese disgusto a mis señores, que me adoraban, y mucho menos a mi madre. También quería darle ese gusto a mi mamita, que me viera casarme de blanco y pura.

Lo más cercano a un hombre que había conocido, lo único, fue cuando un marinero gallego se acercó y me dio un beso de repente, sin pedirme permiso, mientras paseaba con mis amigas por el Retiro. Íbamos a la verbena de La Paloma, y antes nos dimos un paseíllo por el lago. Yo, después del beso, le pedí al gallego, levantando bien la voz para que todos me oyeran:

—Oye, ven *pacá*, dame otro beso para que me entere bien.

Él se acercó, me cogió por la cintura y me dio otro beso. Entonces le arreé un bofetón que lo dejó con la boca abierta. Todas mis amigas se rieron. Ése fue el primer beso de mi vida.

Mis señores me advirtieron del tremendo error que cometería casándome con Antonio: «Eres más corazón que cabeza, María». Me trataron tan bien, con ellos conocí lo que era recibir cariño de verdad. Les debía tanto que, aunque tuve oportunidades laborales mejores, nunca quise dejar ese hogar.

Cuando empecé a ganar dinero pude comprarme ropa. Iba vestida como una señorita, sencilla pero muy elegante. Los que me conocieron en aquellos días me dicen hoy: «Madre mía, Mariquilla, lo que has perdido». Y yo me digo lo mismo.

Antonio me llevó a vivir a una habitación de mala muerte donde también dormía su hermano. Su cama y la nuestra estaban pegadas, podía tocarle si quería, rozar sus pies con los míos. En esas condiciones me negué a mantener relaciones con mi marido. Él me arrancó la ropa y me forzó. Fue la primera vez.

Nunca me hizo un regalo, ni una caricia, ni un cariño, ni palabras bonitas. El mismo día que me casé supe que había cometido el mayor error de mi vida. Apenas se quedaba a gusto, se daba media vuelta y a roncar. Además era muy celoso, celosísimo. No le gustaba que me arreglara, se enfadaba mucho. Con lo que me gustaba adornarme, ponerme trajes bonitos... Un día me pinté los labios de rojo, íbamos de paseo a coger un trolebús, que todavía existían. Un muchacho me miró, y Antonio se enfadó tanto que me quitó el pintalabios con su pañuelo y volvimos otra vez para casa.

A mi familia siempre la trató muy mal. Yo qué sabía de métodos anticonceptivos, qué sabía de preservativos. Quedé embarazada de mi primer hijo y vomité sin parar tres meses seguidos. En esos meses mi cuñado cogió el sarampión y Antonio me obligó a cuidarlo. Cuando se enteraron mis señores se enfadaron mucho con él, y le exigieron que me sacara inmediatamente de esa habitación. El médico me informó de todos los daños que podría haber tenido mi bebé por haber estado expuesta a esa enfermedad. Me tuvieron que poner plasma hasta que di a luz, y cuando nació mi hijo lloré desesperada hasta que me confirmaron que no estaba ciego ni tenía otras malformaciones. Mientras tanto, Antonio me dejaba sola siempre, se iba por ahí de juerga. Jamás me acompañó a una revisión, tampoco estuvo presente en ninguno de los nacimientos de nuestros tres hijos. Él justificaba su conducta diciendo a todos que yo estaba loca, que no podía conmigo, que era muy mala, que tiraba la comida a la basura. Podía ser tan convincente que hasta mis hijos se lo creyeron, y a veces llegaron a dudar de mi cordura. El segundo hijo fue producto de otra violación. Y también el tercero. ¿Cómo les cuentas a esos hijos de qué manera fueron engendrados?

Al volver de Córdoba tras el entierro de mi madre, Antonio me preguntó en qué tren había vuelto. «En el que me dio la gana, me lo pagué yo», me atreví a contestarle. Recibí una tunda tal que me quedó la cara inflamada durante varios días.

No podía creer que había quedado embarazada por tercera vez. Antes de que me lo confirmaran, estaba convencida de que tenía leucemia, estaba cada vez más delgada y pálida. Todavía estaba dando de mamar al segundo, y era imprudente hacerme los análisis. Estaba volviéndome loca de miedo, y el médico, al verme tan desmejorada y desquiciada, se arriesgó a hacerme las pruebas que confirmaron mi embarazo. Con una alegría inmensa fui corriendo a darles la gran noticia a mis amigas, que estaban muy preocupadas por mí. De pensar que tienes leucemia a saber que vas a tener un niño hay un trecho muy grande. Con la misma felicidad le conté a Antonio la buena nueva. «Ese hijo será del conserje. Ese hijo no es mío, que lo sepas», me contestó groseramente.

Al término de ese nuevo embarazo, una vez más sola, pero esta vez más sola que nunca, me fui a parir.

Él no perdía ocasión de hacerme daño. Cuando mi hijo se hizo mayor me reprochó que no era un hijo deseado. Y es que su padre le había jurado que era la verdad.

Un día de tormenta caminaba por la plaza de Castilla totalmente desasosegada. ¿Cuántas veces intenté suicidarme? Perdí la cuenta. Esa vez estuve a punto de tirarme bajo el autobús 49, cualquier cosa con tal de no volver a casa. ¿Cuántas pastillas me habré tomado sin conseguir mi propósito? Otro día pensé en tirarme por la ventana. Fue cuando al volver de trabajar lo vi paseándose desnudo por la casa para martirizarme una vez más. Mi hijo llegó en ese momento, y él corrió al dormitorio para esconderse bajo el edredón. No quise armar escándalo, no quería que mi hijo quedara traumatizado. ¡Qué caros se pagan los errores! Todo el mundo me lo había advertido, pero yo me encontraba en un callejón sin salida. No sabía qué hacer, y acepté resignadamente esta cruz. Mi madre no me enseñó cómo defenderme de los hombres si me hacían daño, la pobre, tan preocupada en seguir con vida para conseguir comida y sacar adelante a mis hermanos pequeños.

¡Cuántas veces me faltó Antonio al respeto! ¡Cuántas me ofendió! Decía que era muy fea, que estaba llena de granos y de piojos. Nunca pude mantener una conversación amable con él, jamás. Si intentaba preguntarle algo de su trabajo, de sus amigos o de su familia, ya se liaba. Si me ponía en la puerta para que no saliera y no me dejara sola, me daba un bofetón que me tiraba al suelo. Siempre me amenazaba, me sentía anulada a su lado, siempre con miedo a que me pegara. Pero según él, era el hombre que me daba de comer.

Su familia me llevaba a un bar donde me pasaba el día fregando platos y suelos. Mientras tanto, él se sentaba a fumar, a chulear y ufanarse de cómo yo trabajaba como una sirvienta. Un día su tío me invitó a la Plaza de las Ventas, sabía que me gustaban mucho los toros. Eran las fiestas de San Isidro, y el Cordobés toreaba por primera vez en esa plaza. Al salir, le di las gracias y me despedí para volver a casa, que era ya muy tarde. Pero me dijo que de eso nada, que tenía una habitación alquilada para que pasásemos un rato juntos y me mostró un fajo de billetes. Le di un bofetón tremendo y no pasó nada más, pero hasta el día de hoy sigo absolutamente convencida de que mi marido y él se pusieron de acuerdo para llevar a cabo esa canallada.

Me preguntaba si Antonio era un obseso sexual, un enfermo, un psicópata, y como no había tenido ninguna experiencia anterior, preguntaba a mis amigas si esa frialdad, esa brutalidad eran normales. Pero aunque no tenía idea de sexo, sí sabía que aquello no me gustaba. No sé, esperaba caricias, alguna conversación dulce. Mientras estaba en Holanda soñaba ilusionada con el día en el que Antonio me acurrucaría en sus brazos, en mirar felices las caritas de nuestros hijos, y en tantas cosas más.

Como no sabía leer ni escribir, mi mayor afán era que mis hijos estudiaran y pudieran llegar a la universidad. Siempre les animaba para que se superaran, para que buscaran la oportunidad que yo nunca había tenido, y supieran luego aprovecharla. Eran los niños más buenos del mundo, aunque hoy no los entienda. Uno de ellos es ingeniero en Telecomunicaciones, otro ingeniero nuclear y el más pequeño, después de que durante dos años me engañó diciéndome que iba a la universidad aunque sólo había alcanzado la formación profesional, recapacitó y ahora cursa la carrera de Medicina.

Aunque seguí trabajando siempre, no me alcanzaba para dar de comer y pagar los estudios a mis tres hijos y los gastos de la casa. Antonio sólo me daba mil pesetas cada tres días. ¿Qué podía hacer con tan poco dinero? Fue tanta la necesidad, que uno de mis hijos, ya mayor, fabricó una llave de alambre para abrir el cajón donde tenía guardado el dinero y así, robando unas pocas monedas cada día para que no se diera cuenta, teníamos algo más consistente para llenar nuestros estómagos hambrientos.

¿Cómo podía hacer vida marital con él, si las únicas palabras que escuchaba de su boca eran insultos? Puta, loca, guarra, embustera, derrochona... Como le tenía tanto miedo, dormía con mi hijo. Pero muchas noches llegaba, me tapaba la boca y me sacaba a rastras de la habitación. Con tal de que mi hijo no lo escuchara y sufriera, yo aguantaba que me forzara donde me pillara: en el suelo del pasillo, de la cocina o del salón. Me violaba, y después de satisfacerse, cuando se suponía que se quedaría tranquilo, me escupía. Me levantaba del suelo llorando, llena de repugnancia. ¿Y quién veía eso? Las paredes. Nada más. Siempre he dicho que si hablaran las paredes, cuántos casos como el mío se descubrirían. Ahora mismo tengo asco a los hombres, y eso que tengo tres hijos varones. Tengo asco a los hombres. Tengo asco a los hombres. Tengo asco a los hombres.

Cada noche me encerraba en el cuarto de mi hijo. No sabía hasta qué punto podía llegar su crueldad, su perversidad. Solía forzar la puerta y entrar disfrazado y con una peluca, para asustarme, para acosarme, para reírse de mí, para divertirse con mi pánico. Coloqué una máquina de coser detrás de la puerta, por lo menos estaría advertida de su presencia e intentaría defenderme como pudiera. Nunca se lo conté a nadie, y mucho menos a mis hijos. Quería evitarles que sufrieran.

Acostumbraba a comprar billetes de lotería para Navidad, y siempre le mandaba un décimo a mi madre. Pasaron las fiestas y recibí una carta desde Córdoba. Como no sabía leer, le pedí a Antonio que la leyera. Mi madre, feliz, nos contaba que nos había tocado la lotería. Antonio me agarró del cuello y me estampó contra los cristales de la mampara del salón. «¿Por qué, puta de mierda, tuviste que mandar lotería a tu madre?».

El mayor sueño de mi vida era traer a mi madre a vivir conmigo para que no sufriera más. Le habían diagnosticado un cáncer de útero, y gracias a esta ayuda del cielo di la entrada para un pisito. La operaron y la dejaron vacía. Cuando terminó el tratamiento de quimioterapia y vio cómo me trataba Antonio, regresó a Córdoba. No volvió nunca más.

Pagaba las letras del piso cosiendo a destajo, hasta que mis manos y mis ojos se agotaban. «Te juro, mamaíta, que me separaré de Antonio», me decía cada día para darme valor. «Me separo aunque tenga que volver a pedir limosna, o ponerme a vender *La Farola*», le prometí. Y en su lecho de muerte repetí mi juramento. Nunca le perdoné a Antonio que no me acompañara en su entierro, que le diera igual mi inmenso dolor. Ni siquiera de eso fue capaz.

Aquel día, prometí a mi madre muerta llenar su tumba de hermosas flores blancas. Tardé cinco años en cumplir con mi promesa.

Hablé con dos abogados que me cobraron 80.000 pesetas de la época para iniciar los trámites de separación. ¿Sabéis cuánto tiene que trabajar una asistenta para ganar ese dinero? A duras penas lo conseguí. Pasaba el tiempo y no tenía noticias, nada de nada. Llamé y nunca me cogieron el teléfono. Me engañaron, no se había presentado ninguna demanda de separación. Tuve que peregrinar otra vez hasta que me recomendaron otra profesional, Remedios. Gracias a ella alcancé mi objetivo.

Cuando el juez escuchó mi testimonio me dio la sentencia de separación ese mismo día, y a Antonio la orden de que se fuera de casa. Siempre tuve mucha suerte con la gente. Este juez me dio una nota para el director del INEM de mi distrito quien, a su vez, me consiguió un trabajo de pinche de cocina en el hospital Ramón y Cajal.

Estábamos en el mes de mayo, y Antonio no se fue hasta agosto. Mientras, se negó a pagar nada de los gastos familiares. Remedios tuvo que exigir que se cumpliera el alejamiento. La policía llamó para avisarle que si no se iba inmediatamente lo detendrían.

La situación era angustiosa. Se debían dos años de comunidad, nos cortaron el teléfono, la luz y el agua. Luego conseguí un trabajo de interina, y poco a poco pagué todas las deudas.

Pero para mi ex marido todo el daño ocasionado no era suficiente. Apeló ocho veces la sentencia del juez. Cada apelación significaba más gastos que no podía asumir. Podía pagarlos gracias a la solidaridad de mis compañeras, que en cada apelación juntaban las 25.000 pesetas que costaba el procurador.

Ni en la tumba me dejará tranquila.

Muchas veces pienso cómo es posible que, cuando aún vivía en Francia, le dedicara este escrito:

Mis fuerzas no pudieron
alejar de mi mente nuestros recuerdos
y fue imposible complacer tu deseo.
Lo que tú me pediste al despedirnos un día
que nos dimos un beso muy fuerte tú y yo.

Tu recuerdo es un fuego que está quemando,
Siento no encontrar un alma

un alma que lo apague
o que prenda en mi vida
otro más fuerte que el que prendiste tú.

Tu ilusión fue conmigo
a pesar de que siempre me decías
«ya no te quiero».

Y suplicando a la virgen
me pasaba las horas por esos mundos
que bien recuerdo.

Tu recuerdo es un fuego
un fuego que en mi pecho
vive quemando de noche y de día.
Siento no encontrar un alma, un alma que lo apague,
o que prenda en mi vida
otro más fuerte que el que prendiste tú.

Hombres muy hombres: la historia de Mariquilla
Espido Freire

Es bajita. Posiblemente, en su juventud fuera también menuda, una mujer de su generación, con un eje interior de acero pero un físico frágil. Tiene los ojos vivos, que se dilatan, muy negros, cuando recuerda lo que no desea. Las manos aún hermosas, los pies pequeños.

Puede llamarse Mariquilla, quizás. O María. O Rocío. Llamémosla Mariquilla. Por qué no, es tierno, le sienta bien. Podrían haberla llamado así. Nació en Andalucía, aunque los años fuera de su tierra le han lavado el acento, que sólo se adivina en algunas palabras de infancia. Un día de Navidad, me cuenta, del año treinta y dos. Tres hermanos, una familia que no se defendía mal, un padre joven, una familia media en una ciudad media. Entonces llegó la guerra. Mataron al padre. Mataron al abuelo. Comenzó el hambre.

Del hambre Mariquilla tiene recuerdos vívidos, recuerdos que hacen mirar alrededor, asegurarse de que la nevera está llena y nuestros estómagos no rugen. El hambre, el hambre... La niñita que entra de criada en otra casa y comienza a saber lo que es fregar, porque al menos allí come, que pide por las calles cuando puede escaparse un momento, que se acerca a los cuarteles y les suplica a los soldados que le den un poco del rancho para llevárselo a su madre.

El hambre de esos años, después de la guerra, años en los que la violencia, la muerte y las situaciones extremas han fosilizado el papel del hombre en la sociedad y el puesto de la mujer. La mujer buena, en casa, honrada, custodiada, deslomada a trabajar. El hombre bueno fuera, garante de su honor y de la honra de sus mujeres, deslomado también por el trabajo. El campo abonado para los injustos, los malvados y las víctimas.

Con eso se encontró Mariquilla. Sin su padre. Sin su abuelo. En un mundo de mujeres, sin más referentes que la desconfianza y la dependencia de los varones. Su señora le pedía que espiara a su marido, un hombre mujeriego y bebedor, que le daba celos y mala vida. Ella se agazapaba en la carbonera, vigilaba los pasos del hombre sin moverse, durante horas; a cambio, la señora le daba ropa, le hacía un jerseicito, una falda nueva. Aprendió a detectar las mentiras, y que el mundo, su mundo, era así. Cinco años, seis años. Hambre, miedo, trabajo, oscuridad en una carbonera.

En casa no, no iban mejor las cosas.

Le cuesta hablar de ello, no lo menciona hasta mucho más adelante. Mariquilla habla sin tregua, pero con largos silencios sobre años de su vida. Habla de lo que no duele, o de lo que ha aprendido que no duela. Acerca de lo otro, esos largos periodos de terrible sufrimiento, calla. Se siente negra por dentro, pegajosa, como si esas palabras no dichas le tiznaran, petróleo sobre agua, algo espeso y frío. Al cabo de unas horas de charla, ese dolor se filtra por la piel, contagia a quienes están alrededor. Llega también el frío, llega el silencio de esa pobre vida torturada.

En casa. No, no iban mejor las cosas. La madre se había vuelto a casar, con un hombre enfermo, tuberculoso, que le dio otro hijo y un año de palizas. Estorbaban los otros niños. No se ocupó de ellos, no los mandó a la escuela, no les ofreció nada más que un techo. La comida se la procuraban ellos mismos. Corrían por la calle, se buscaban, como podían, la vida. Cuando podía, Mariquilla se colaba en el cine.

Ah, aquellas estrellas... Aquel mundo. Había una esperanza, una salida de aquella miseria.

Mariquilla las buscaba, se volvía a un lado, a otro. El cine le ayudaba a volar, y aprendió sus primeras letras, copiadas de las carteleras, con un cartón y un carboncillo. Se miraba en quienes había conseguido la gloria: bailaoras y toreros. Actores y cantantes. En la pantalla, en los tablaos, en cualquier lugar se asomaba, tan pequeña, para atisbar qué pasaba en la otra vida, en la que no le tocaba a ella.

Un día, mientras estaba en el cine, la llamaron. Salió, asustada por si a su madre le había ocurrido algo. La esperaba el padrastro, la agarró por el pelo, la golpeó hasta que sangró por la nariz y la boca. Su hermano, mientras tanto, observaba cómo ese hombre golpeaba a la niña. Aprendía. Más tarde, perseguiría a Mariquilla de la misma manera, porque cantaba, porque bailaba, porque eso no era propio de una chica decente, porque era el hombre de la familia y así se portaban los hombres.

Pobre niña. Pobre, pobrecita Mariquilla, pobre infancia de calles blancas y de juegos lastrados por el trabajo y por la pobreza. Pobre niña sin timidez ni vergüenza, con la desesperación del hambre, con el miedo a los palos y al capricho de los mayores, que decidían sin que ella pudiera entenderlo qué estaba bien y qué estaba mal, y cuándo. Golpeada si pedía limosna, porque eso no era digno. Golpeada si no lo hacía, porque no había qué comer.

¿Y su madre? «Me daba pena», decía. Habla poco de ella, pero sus palabras están llenas de dulzura, de mimo. Niña madre de su madre. De su historia vemos, intuimos, a una mujer débil, perdida, sin autoridad, una sufridora, una mujer atada por lo que le habían enseñado y por su propio concepto de decencia. Viuda por segunda vez, cuidaba de sus niños lo mejor que podía. Limpios, siempre limpios. Sandalias con suela de cartón y trenzadas de cuerda. Mariquilla le entregaba todo su dinero; su relación fue así durante años, hasta que la madre, ya adulta, volvió a necesitar cuidados y no pudo tampoco entonces cuidar de su pobre Mariquilla, otra vez golpeada, otra vez sola.

«¿Por qué yo no voy a la escuela, mamá? Porque eres pobre. Los pobres no pueden ir a la escuela». Y Mariquilla reflexionaba, viva como era, extraía sus conclusiones. Se iba con su amiguita a esperar a quienes sí iban a la escuela. A quienes debían de ser ricos, por tanto. «¿Les tiramos piedras?».

Niños de calle, que veían y corrían y se metían en todo. A qué no se expondrían esos niños, cómo podían, pese a todo, mantener la inocencia. Fascinación por los hombres muy hombres. Los soldados, con su uniforme, su sueldo fijo, su manera de caminar por el mundo. A su amiga siempre le decían algo. Era tan linda, recuerda. Parecía una princesa árabe, con sus ojos negros, con su cabello espeso. «Y a mí —decía ella—, pobre de mí, que me paseaba por donde ellos andaban, con mis zapatitos nuevos, que a fuerza de horas de espionaje me los había sacado, con mi falda reluciente... a mí que no me decían nada».

Había amigas, y había un amigo. Amores de adolescencia, sueños delirantes por cumplir. Mariquilla que canta, y que baila, y que quiere continuar por ese camino. La familia no se lo permitió. ¿Cómo iban a permitir que la niña fuera artista, con la vida que llevaban? Cuando las mujeres no podían trabajar en casi nada, ni continuar con estudios superiores, ni poseer independencia económica, ni viajar, la única riqueza que se les reconocía era su virginidad. La menor sospecha las empobrecía. Una familia decente no podía permitirse perder ese pequeño caudal, que se entregaba como parte de la dote.

Ese amigo, ese primer novio, al único al que de verdad quiso, dice Mariquilla, quería ser torero. Cómo no. «No te preocupes, seremos ricos. No nos va a faltar de nada».

¿Qué sería para estos niños ser rico? ¿Comer todos los días? ¿Un coche? ¿Ropa bonita? ¿La seguridad, una madre a salvo para siempre, la tranquilidad de levantarse tarde un día, dos, tres, sin que nadie les gritara ni les apurara? ¿No fregar más esos patios relucientes de azulejos, de plantas de hojas anchas, de geranios y fuentes? ¿Qué sería la riqueza, para niños que no habían salido de su ciudad, ni sabían qué había más allá en el mundo? ¿Que abrían los ojos ante el cine e imitaban los peinados, que bebían esas imágenes por lo escasas, por lo impactantes?

Se me parte el corazón ante esa Mariquilla flaquita, adolescente, que en cambio recuerda esos años con alegría. Si su infancia hubiera sido otra, si al menos una de las circunstancias de su vida hubiera variado, quizás no me encontrara ahora ante una Mariquilla rota, una mujer destrozada a golpes y a humillaciones, a violaciones, a insultos.

Esa niña, en ese momento, aún podía elegir. Por mal que lo hubiera pasado, no se diferenciaba de muchas otras muchachitas que llevaron luego una vida más cómoda, menos sufriente. A esa niña la rompieron entre todos, la dejaron escapar. Creció tan sola que confundió la atención con el afecto, la pena con la ternura, el entregar regalos con pedir amor. Esa niña asoma a veces aún con entusiasmo, la cuida Mariquilla como si fuera su propia hija. Hambre, necesidad, pero aún esperanza, y alegría, y la posibilidad de un cambio que convirtiera la vida en magia.

Entonces ocurre lo impensable. En una capea clandestina, nocturna, una tienta de vaquillas, porque con algo debía practicar el pobre niño, el amigo es corneado. Mariquilla no se explica con claridad: quizás las costillas rotas, o una herida, o varias. Unos días más tarde, aquel muchacho tan querido muere en el hospital.

La muerte, en los años cuarenta, era otra cosa. Ocurría

a menudo, morían las madres en el parto, los niñitos al nacer, la Guerra Mundial chorreaba sangre y víctimas, los mutilados de la Civil se arrastraban, algunos de ellos aún pendientes de ser rematados por la tisis, la pulmonía, las infecciones. Morían los abuelos con sesenta años, los perros callejeros, a veces a manos de los propios niños, los gatos, las ratas que había que perseguir.

Sucedía. Se entendía el dolor de la madre que había perdido un hijo ya mayor, el de la viuda que se quedaba sin protección, el de la novia al pie del altar con un novio que moría de improviso. Los otros, no. Había demasiado de qué preocuparse. A Mariquilla no le quedó el derecho a sufrir. Lo recuerda aún, en un poema que le compuso, repetido muchas veces de memoria.

Así surge la poesía popular, la de oído, la del analfabeto que aprende por ritmo y porque sabe que a lo importante hay que ponerle palabras. Pocas veces he visto algo así real, en una persona que me mira, y me cuenta, y en medio de su dolor me pregunta si su poesía me parece bonita.

Tenía catorce años. Se le había acabado la vida allí, no encontraba ya ni rumbo ni esperanza. Cuántos hombres muertos, alrededor de Mariquilla. Abuelo, padre, padrastro, novio. Cuánta ausencia, y cuánta ansia, y cuánta violencia en esas muertes.

Tenía esos catorce años, y de pronto, contagiada por quién sabe quién, una idea fija: Madrid. Ahora que nada le quedaba en su ciudad, recordó que una de sus amigas servía allí. Era lo que Mariquilla había hecho toda su vida: limpiar, y servir, y cantar en los ratitos que le quedaban libres. Se coló en un vagón de ganado, con el miedo a que uno de los animales le diera, en la noche, una coz.

Una niña de catorce años que entra a trabajar en una

casa extraña. Deslumbrada. Una casa de ricos, varias doncellas, un jardinero, un ayudante del jardinero.

Así de fácil se acaba la vida. Un chico joven que trabaja en la misma casa, una niña alejada de todos. Una víctima clara, analfabeta, aislada, vital, bonita, con tantos anhelos de ser querida que sólo sabe pedir cariño. No se le podía escapar. El maltratador sabe, olfatea a quién puede amarrarse. No se le escapó.

Tuvo oportunidades para hacerlo: sus señores, esos padres postizos que la cuidaron como los suyos no pudieron, la aconsejaron bien. Veían más que ella. «Pero me da pena», decía ella. «Cuando yo lo cuide, cuando se sienta cuidado y en su casa, cambiará», decía. La mandaron a servir en otra casa, fuera de Madrid. Pasó allí tiempo, pero no olvidaba a aquel muchacho. Ella, que enviaba casi todo su dinero a aquella madre tan querida, tan desvalida, comenzó a ahorrar para su futura casa, su futura vida.

Once años de noviazgo. En esos once años, ni un regalo, ni un gesto de afecto. ¿Qué podría saber Mariquilla del afecto, menos aún del afecto entre hombre y mujer? Mientras tanto, pequeñas pruebas y humillaciones. Sospechas, celos. Una familia política cómplice ayudaba al maltratador. Quizás creían hacer lo correcto, y proteger así, y protegerse, de una mujer extraña.

En una familia que ha dado entre sus hijos a un hombre así, quién sabe cuántos horrores se esconden: mujeres asustadas, sometidas, que justifican lo injustificable. Varones sádicos, seguros de su poder, que tienen que demostrarles a todas quiénes son, quiénes mandan, quiénes saben. Madres despegadas, frías o crueles, a las que nadie enseñó a querer y que no han podido enseñar nada. Ante todo, la preservación del clan, a toda costa. Son los mejores. Los más dignos, un frente común como el de los lobos frente al peligro.

¿Qué peligro podría suponer Mariquilla?

¿Qué pensarían de ella? ¿Que era demasiado alegre, demasiado desenvuelta, algo siempre sospechoso en una mujer? ¿Temían que se burlara del adorado hijo? ¿Que ofendiera su honor, de alguna manera, que le dieran, así dicho, *gato por liebre*? Cuando la única riqueza de una mujer pobre es su cuerpo, la mejor manera de devolverla a la pobreza es arrebatárselo. Ideas retorcidas, rancias, que han hecho llorar a tantas familias.

Una vez, en un parque, Mariquilla charlaba con sus cuñadas. Era el tiempo de los paseos de doncellas y criadas, muy bien planchadas, y de soldados, que se paseaban de permiso. Hombres muy hombres. Uno de los soldados se acercó a Mariquilla, y, de improviso, le dio un beso en la mejilla. Mariquilla se sobresaltó.

«Acércate, hombre. Dame otro, que así no se besa, que no me ha dado ni tiempo a sentirlo». El otro, con la gracia ya reída, se acercó. Mariquilla le dio una bofetada, lo más fuerte que pudo. Esos eran los códigos. Los hombres robaban, las mujeres no debían dejarse robar. Una mujer honrada debía reaccionar de esa manera, defenderse, a riesgo de que su reputación se ensuciara. ¿A quién no le ocurría algo similar, un incidente desagradable que confirmaba que los hombres eran unos guarros, unos sucios, que sólo querían una cosa? Para Mariquilla era la primera vez.

Y la mirada de las cuñadas, siempre atenta, siempre vigilantes... ¿Qué contarían luego? Al celoso no le hacen falta alientos. Si las hermanas cuentan, él imagina. ¿Qué no haría él? ¿Con ella, con otras?

Mariquilla se ha ido de viaje. Quería conocer el Valle de los Caídos. Una excursión con amigas, en la que durmieron en casa de una de ellas. En los años cincuenta, algo poco frecuente, incluso un poco atrevido. Cuando regresa, comienzan las sospechas. Dónde ha estado. Qué ha hecho. Con quién. Dónde durmió. Pasan las semanas y a ella se le retrasa el periodo. No le da importancia. Él comienza a insistir. ¿Cómo lo sabe? Trabajan en la misma casa, los secretos entre la servidumbre son pocos, y él se entera. No, no durmió con nadie. No, no había hombres. Él se vuelve loco. Aunque ella lo niegue, aunque no lo recuerde, es posible que le dieran algo en la bebida, que la violaran. Es una golfa, una zorra. Ella se siente humillada. Una visita al médico confirma que Mariquilla es virgen. Su señora tiene que explicarle qué significa ser virgen, y cómo eso es un triunfo sobre las sospechas del novio.

Aún así, aún le queda otra humillación de soltera. Una vez que la sospecha ha caído sobre ella, tiene que demostrar, tendrá que demostrar de por vida, lo que el acosador se niega a creer.

Esta vez será su tío. El jardinero. «Sobrina, ven, te llevo a los toros». ¡Los toros! Hombres muy hombres. El fantasma de aquel novio juvenil, que revolotea sobre la plaza, que se escapa de los cuernos de los toros. Puros, mujeres bonitas y bien vestidas, señores de traje y bigote. Ella ríe, palmotea, disfruta, se divierte. Ah, qué tarde. Bromas, gente que la mira. Cuando se trabaja tanto, cada momento de descanso es una bendición. Entonces, cuando se vacía la plaza, el tío le enseña un fajo de billetes. «Qué haces. Qué me enseñas». El hombre la mira. «Bueno, sobrina. Si tú quieres, tengo una habitación alquilada aquí al lado. No creerías que me iba a gastar tanto dinero en una entrada para ti sin sacar nada a cambio».

La historia la contarán después de maneras muy distintas. La familia le creerá a él, por supuesto. Esa mujer, esa mujer ya mayor, que me mira con los ojos muy abiertos, siente aún la indignidad. «Me insultaron. ¿Por qué? Quiso humillarme, ¿por qué? ¿Por qué?».

No hay respuestas. ¿Cuál fue su error? Y, si no lo cometió, ¿por qué la castigan? Mariquilla repetirá una y otra vez esa pregunta. No lo entiende. Ha sido buena. La han querido siempre, por donde quiera que ha pasado. Y, cuando araño, me doy cuenta de que quererla es tratarla con afecto, hacerle algún regalo.

Aún podía escapar. Pobre Mariquilla, aún tenía una escapatoria, aún podía romper la necesidad de víctima que había creado a lo largo de esos once años de noviazgo. Era muy difícil, lo es incluso hoy, cuando tanto se sabe, cuando tantas cosas han cambiado. Entre la niña de dieciocho años que llega a Madrid y encuentra a su maltratador, y la mujer de veintinueve que se casa con él hay, en realidad, muy poca diferencia. No ha experimentado, no ha aprendido casi nada. Así querían a las mujeres: inocentes, ignorantes, vírgenes, sin novios, sin nada que contar.

Siempre se han sacrificado vírgenes en los altares.

La violó la primera noche. Mariquilla no lo cuenta. No tiene palabras. Dice que la desnudó a la fuerza, que no comprendió el pudor que sentía al desnudarse, y más aún ante él.

No tendrá tampoco palabras para el resto de los años de matrimonio. He de reconstruir a partir del silencio. Amenazas para quedarse embarazada, porque si no tenía hijos, el piso, su casa, se lo quedaría la familia de él. Un primer hijo. La muerte de su madre, tras un cáncer, esa madre que prefirió volverse a morir a su tierra, lejos de su hija, a la que no supo cuidar, a la que no pudo proteger, ni salvar de ninguna de sus desgracias. Y ante ella, esa pobre madre infeliz, muerta, la promesa de que abandonaría a ese marido ogro, a ese animal que la golpeaba y la violaba una y otra vez, durante años.

Las promesas ante el ataúd son sagradas. Piedras que señalan tumbas. Mariquilla llegaría, con el tiempo, a cumplir su palabra. Pasaron muchos años. Muchas desgracias. Otras mujeres, infidelidades que casi agradecía. Que estuviera con otras significaba que a ella no la tocaba, que se libraba por esa vez. Un obseso. Un enfermo. Sólo sexo en su cabeza, dice. Ese sexo que a ella le enferma, le horroriza y le asquea.

Cuenta que, cuando regresó del entierro de su madre, al que fue sola, el marido abrió la puerta y, sin palabras, a golpes, la violó. Un embarazo, el segundo, tras esa violación. Una depresión posparto que la deja exhausta, flaca, sin energías. «Me muero», pensaba, casi deseaba. «Tengo cáncer. Como mi madre». Ese deseo, formulado a través de la enfermedad, de unirse de nuevo a ella.

No tenía cáncer, le dijo el médico. Estaba embarazada de nuevo, sin apenas pausa tras el otro parto. Feliz, exultante, se lo fue contando a todo el mundo. «Ése no es hijo mío», fue la respuesta. Con el tiempo, la frase que el padre le dijo a su hijo cambiaría. «Ella no te quería, nunca fuiste un hijo deseado, ésa es la clase de madre que tienes».

Por qué.

Mariquilla calla, y la negrura interna la va calando, y se nota en sus ojos, en las manos, cada vez más tensas. Imagino su terror, el dolor constante, la sangre, los moratones, la sensación de suciedad, de que a golpes y a empellones le han metido veneno dentro. «Me han querido, me ha querido todo el mundo. Menos éste».

Mariquilla se va, y me pide que hable de la luz de su infancia, de cómo se pintaba los labios con los pétalos de los geranios, de las calles blancas, de cómo se reían con todo, con hambre, sin hambre. Aquello no importaba. Aquel pasado no iba a durar, tenía todo el futuro para habitar en él y ser felices. Me pide que cuente cómo lo que ella creía que iba a ser bueno fue el infierno. Como lo que creía que era lo malo, ha acabado siendo sus recuerdos más preciados. Se va sin esperanza, a sus noches solitarias y al mordisco feroz de la indiferencia o del desprecio de la familia.

Hay un rastro tras ella en el aire, ceniza, y hollín, y un dolor que se palpa. Una transferencia en ese encuentro, ese dolor contagioso. Me lo ha dejado, repta por mis pies, se mezcla con la compasión, con la indignada impotencia frente a la vida y frente a la desgracia ajena. Esa niña. Esa jovencita, esa mujer. Todos los que han mirado hacia otro lado, todos los que han cerrado ojos, y boca, y puertas ante los golpes al otro lado de la pared. Un país, una sociedad que creó a ese hombre, y a esta mujer, y a todos los que los hemos rodeado. No hay esperanza en esta historia.

Por eso, nunca debe repetirse.

Olga

LOURDES VENTURA

Olga

Hola, mi nombre es Olga y tengo muchos motivos
para ser feliz.

He permanecido dieciséis años, de los treinta y ocho que
tengo, junto a un maltratador alcohólico y drogadicto. Lo
conocí con dieciocho años, él tenía veintidós y mis padres
acababan de separarse. Yo era demasiado inmadura y de-
mandaba cariño. Encontré justo lo que buscaba, una persona maravillosa que se ocupó de todo lo que se refería a mi
vida. Para mí era un dios, me cuidaba, me protegía y su
atención era constante, no me tenía que preocupar por
nada, él se encargaba de solucionar todo cuanto me rodeaba por insignificante que fuera.

Cuando conocí a mi maltratador, yo era una mujer alegre, divertida, bromista, cariñosa... pero a la vez con grandes miedos, inseguridades y complejos.

Puedo catalogar mi infancia y mi adolescencia como
muy feliz, vivía con mis padres y mis dos hermanas en un
cuarto piso en la zona norte de Madrid desde donde se veía
la sierra. Recuerdo las manualidades, pinturas y disfraces
que hacíamos todos juntos los fines de semana. Tengo guardado con especial cariño el recuerdo de aquellos fines de semana en Navacerrada esquiando cuando tenía cuatro años, y
recuerdo muchas excursiones a La Pedriza a hombros de mi

padre y largos veraneos en el pantano de San Juan haciendo camping.

Yo dormía sola en una cama mueble en el cuarto de estar. Junto a mi cama había una ventana. Una noche de febrero un ruido me despertó, tenía cinco años, vi un gran resplandor en mi ventana, era un incendio en el segundo piso. Pasé mucho miedo. Cuando el fuego cesó y volvimos a casa, jamás volví a dormir sola por el terror que cogí a la noche, a la oscuridad, y a estar sola. Dormía con mi hermana.

En el colegio siempre fui buena alumna, y recuerdo mi colegio de monjas muy bonito y con mucha luz.

Crecía feliz como una niña aparentemente normal, sin embargo tenía una amiga que constantemente me hacía sentir inferior. Inferior porque ella era «más simpática, más guapa, más lista, con más dinero...». En fin, motivos de peso que cuando eres una adolescente te suponen un mundo lleno de inseguridades y complejos. No le daba demasiada importancia y solía ceder a sus caprichos para que no se enfadara conmigo.

Cuando tenía diecisiete años, mis padres decidieron separarse. En realidad fue mi padre el que tomó la decisión.

A pesar de los civilizados términos, la delicadeza y el diálogo en la separación, para mí fue un duro golpe. Echaba de menos a mi padre que aquel año se fue a vivir a Holanda con su nueva pareja. Comencé a perder interés por los estudios, suspendía todo, y cuando me comunicaron que tenía que repetir curso, decidí trasladarme a un instituto público en el barrio de Tribunal.

Allí, de algún modo, comenzó el principio del fin de mi adolescencia cuando en la clase de al lado reconocí a una compañera del colegio de monjas que iba a ser crucial para mi vida, era mi futura cuñada. Un día nos invitó a pasar un fin de semana con ella al pueblo.

Así, el sábado 19 de noviembre de 1988 llegué con mi maleta dispuesta a pasar el fin de semana en un pueblecito de Segovia.

Ese día lo conocí y no volví a separarme de él hasta pasados casi diecisiete largos años.

Conocí también a su familia, tradicional familia machista en la que los hombres mandan y las mujeres obedecen, en la que los hombres trabajan y las mujeres limpian, en la que los hombres salen y las mujeres aguardan, en la que los hombres disponen, hablan y opinan y las mujeres callan, en la que las mujeres no cuentan para nadie porque no valen nada.

Su episodio favorito, años después, era contar siempre riéndose el día en que me conoció, decía que al mirarme por el retrovisor le parecí la tía más fea del mundo, aunque con el paso de los años se empeñara en decirme que era preciosa.

Recuerdo sus ojos, su cuerpo, su sonrisa, y sobre todo su olor, el olor de una cazadora de cuero negra que llevaba. Comenzamos a bailar. Él me iba agarrando cada vez más fuerte y me iba acercando hacia él hasta que nos quedamos los dos solos en medio de toda la gente. Terminó la música y aún permanecimos un rato abrazados, hasta que nos dimos un largo beso que a mí me pareció de película, y me di cuenta de que no veía nada más que lo que tenía delante, sus ojos.

Los dos primeros meses quedábamos los viernes, luego también los sábados, progresivamente las citas fueron aumentando día tras día hasta que comenzamos a vernos cada día de la semana. Él decía que no podía dejar de pensar en mí, y que necesitaba verme en cada momento. Jamás volví a quedar con mis amigas para salir. Y si ahora me paro a pensar, mis tardes con él eran calladas y ausentes de conversación hasta que se iba acercando la hora que él marcaba para ir a casa, entonces había que echar el polvo del día. Siempre algo rápido y en el lugar, a mi juicio, más inoportuno.

Al principio yo estaba encantada, me gustaba cómo era conmigo. Me trataba bien, era educado, cariñoso, detallista, a mí me parecía guapo, qué más podía pedir una chica. Comenzó a llevarme a un montón de sitios a los que yo jamás había ido. Estos primeros meses yo lo pasaba bien pero, poco a poco, pretendía que estuviésemos más tiempo juntos. Solía enfadarse cuando yo quería irme a casa aunque ya fuera casi de día.

Llegaron las primeras Navidades y me fui con mi padre a Cartagena. Fue a despedirme, me dijo que me quería y que lo que más deseaba en ese momento era tenerme ya de vuelta. Fue la última vez que viajé sola. Comenzó entonces, a los tres meses de conocernos, a estar conmigo todo el tiempo, y cuando no estaba con él, me llamaba para ver qué hacía. Al principio esto era un halago para mí, pero me comenzó a agobiar la cantidad de explicaciones que tenía que darle sobre todos y cada uno de mis movimientos. Comencé a mentir y a ocultar pequeñas cosas. Por ejemplo, cuando bajaba a comprar descolgaba el teléfono, prefería que pensara que estaba hablando a tener que explicar dónde estaba porque era seguro que no me iba a creer.

Sin darme tiempo para pensar, fui cediendo todo mi terreno y considerándolo la única prioridad en mi vida. Al principio me parecía todo maravilloso, no necesitaba más que estar a su lado, al fin y al cabo ¿quién mejor que él sabía lo que me convenía? Me conocía perfectamente, escuchaba mis problemas y decía una frase que para mí lo era todo: «No te preocupes, ya estoy yo y no te va a pasar nada, tú eres mi Olguita».

No me molesté en superar mis miedos, total, nada me podía pasar si permanecía a su lado. Hice caso de todas y cada una de sus recomendaciones, estaba convencida de que lo hacía por mi bien, decía que me quería tanto, que él y sólo él sabía lo que más me convenía. Pasé algunos años, pensando que era feliz y que nada podría ser en mi vida mejor que lo que tenía en ese momento. Mi maltratador fue muy sutil, me fue envolviendo lentamente sin que apenas reparara en ello, al principio todo eran elogios, luego opiniones, más tarde recomendaciones, luego obligaciones, y así llegué a un mundo en el que todo eran prohibiciones, y una vez ahí, ya no encontraba la salida para emprender el camino de vuelta.

Su constante era repetirme una y otra vez lo mucho que me quería y me necesitaba y me pedía que no lo engañara nunca.

Comencé a obsesionarme por cuidar cada detalle, pasaba el día en tensión por si había hecho algo mal y no me comportaba igual con él delante que las contadas veces que estaba sola. Comencé a dejar de ser yo. Igualmente comencé a mentir a cuantos me rodeaban vendiéndoles una vida que no era la que tenía sino la que me gustaría tener. Por otro lado él continuaba con sus regalos y sus halagos, lo que me confundía aún más y me hacía sentir que le necesitaba y además tenía que ser feliz con él.

Pasado un par de años, yo ya vestía, peinaba, hablaba, callaba, iba, venía o actuaba según sus exigencias. El maltrato psicológico era ya evidente, pero faltaba más por llegar. Cada vez se enfadaba con más frecuencia y entonces comenzaron sus patadas, pellizcos, cabezazos en la nariz, tortas y más y más insultos.

Me prohibió vestir con faldas, escotes, tacones... Me prohibió hablar con hombres, con compañeros de clase, con amigas. Cuando salíamos a tomar algo yo siempre lo miraba a la cara o me miraba los zapatos. Si mi vista se desviaba de esos dos lugares comenzaba a sospechar que estaba mirando a alguien y la emprendía a golpes con el primero que estuviera a mi lado. Solía ir siempre buscando pelea, y rara era la noche que no acabara a golpes con alguien.

Desde el principio él solía beber demasiado, pero yo nunca me lo planteé como un problema hasta estos últimos años. Sé que es un maltratador, pero si bebe lo es aún más. Él siempre intentaba mantenerme al margen de su vida, de sus amigos, yo estaba en un mundo apartada de todo, y cuando me presentaba a alguien lo hacía a modo de exhibición habiéndome dado previamente las instrucciones de comportamiento.

Me solía avergonzar de tenerlo como novio y luego como marido, pero jamás hablaba con nadie de mis problemas.

Llegó un momento en el que yo ya no decidía nada, hacíamos lo que él quería. No me atrevía a decir «no».

En las Navidades de 1993 me sentí tan presionada y agobiada que lo dejé, le dije que no podía más. Conclusión, un mes después volvimos y fijamos la fecha de la boda para septiembre. Ahora reconozco que mi dependencia hacia él era tan grande que no era capaz de hacer nada sin él.

El día 3 de septiembre de 1994 nos casamos y permanecí con él hasta el 11 de marzo de 2005. Parecía que el tiempo pasaba muy lentamente, sin embargo desde el día que lo conocí hasta hoy han pasado casi veinte años. Hoy sé que me casé por la dependencia emocional que me unía a él, por el miedo que le tenía, pero también sé que jamás lo he querido.

El primer tiempo tras la boda fue tranquilo, él parecía haberse transformado, pero no era más que una balsa de agua para el torrente que se me vendría encima.

Poco a poco comenzamos a no salir los fines de semana, cada vez estábamos más en casa. Él decía que estaba cansado de trabajar, pero tampoco me dejaba irme a mí sola. Si quería ir a ver a mi familia, no me atrevía a decírselo hasta llegado el momento de salir por la puerta. Él siempre se enfadaba, pero tenía que venir conmigo aunque no le apeteciera, tenía que controlar todo lo que yo hacía. Todos estos años habré salido con mis amigas dos o tres veces contadas, y él me ha esperado levantado hasta que he llegado para luego, sin hablarme, irse a dormir y permanecer así en silencio durante días.

Ese silencio ha sido algo muy familiar en mi vida con él durante todos estos años, y creo que una de las cosas que más daño me ha hecho. Esos silencios te hacen realmente sentir que no eres nada ni nadie y sientes el vacío y la soledad más grande del mundo aunque estés rodeada de gente. Ha llegado hasta el punto de prohibirme hablar con él de cosas que no le interesaban. Me decía: «A mí no me cuentes esas tonterías». Otra de sus frases favoritas para hacerme ver lo poco que sabía era: «Menos mal que me lo has preguntado a mí, si se lo dices a cualquiera se ríe de ti».

Pero mis preguntas jamás obtenían respuesta. Ahora sé que el ignorante era él y no yo. Otras veces, cuando estábamos juntos viendo la tele en el salón, él me miraba y con rapidez levantaba una mano hacia arriba. Mi reacción era taparme la cara pensando que me iba a pegar, en ese momento, él sonreía y con esos ojos penetrantes y llenos de maldad me decía: «¿Qué te pasa? ¿Tienes miedo? ¿Crees que te voy a pegar?». Ahora sé el gran placer que le producía hacerme daño, ejercer poder sobre mí, sentir que me controlaba, ahora sé que es malo.

Los años siguieron pasando lentamente, ya no había alegría, ni risas, ni amor, ni nada, consiguió arrebatarme todo cuanto tenía. Mi vida estaba vacía y ya ni él conseguía llenarla, y aún así, era incapaz de irme, seguía necesitándole. Recuerdo que pasaba días sin hablarme aunque yo le preguntara, y cuando llegaba la noche y él se dormía, sin hacer ruido me tumbaba a su lado y lo abrazaba para no sentirme sola. Ahí solía imaginar que mañana sería diferente, que cambiaría, que ya no habría golpes, ni insultos, ni silencios, ni miedo. Conseguí sobrevivir con esa ilusión algunos años, pero cada día que pasaba iba despertando y comprobando que no era feliz. Entonces encontré la solución perfecta: «los hijos». Seguro que si teníamos hijos todo cambiaría y seríamos una familia feliz. Los hijos harían que él dejara de beber, que dejara las drogas y harían que dejara de tratarme así. Necesitaba solucionar todos los problemas que había en mi vida y la solución la vi tan clara que no tuve un hijo, por si no era suficiente, tuve tres, así seguro que cambiaría. ¡Qué error! Todo fue peor, el encierro fue absoluto, ya no sólo dependía emocionalmente de él, sino físicamente también. Ya no podía salir a la calle, no daba paseos, ni veía a nadie, pasaba días, incluso semanas con mis trillizos, encerrada en casa.

Al principio del embarazo se desvivía por cuidarme, cosa que nunca había hecho. Cocinaba, limpiaba, hacía la compra... pero pronto se cansó de que yo fuera el centro de atención para todo el mundo y comenzaron los gritos. «Estás embarazada, no gilipollas, no sé por qué te pasas el día mirándote la barriga. ¿Crees que te voy a consentir y a dar caprichos?». ¡Qué otra cosa podía hacer yo! Me mandaron reposo y mucho cuidado para que todo fuera bien, era un embarazo de riesgo. Además me encantaba poder diferenciar a mis hijos dentro de mí, era una sensación maravillosa, notar tres cabecitas dentro de mi cuerpo. A veces cuando estaba nerviosa o llorando, ellos se movían muy rápido y me hacían daño, era como si pudieran sentir lo que a mí me sucedía, pero me gustaba sentirlos, porque así sabía que vivían, que seguían creciendo.

Y llegó el día. El 24 de junio de 2002, a las trece y veinte, a las trece y veintiuno y a las trece y veintidós horas, nacieron mis tres hijos. Dos niñas y un niño preciosos como ya me habían anunciado las ecografías, todo fue rápido y muy bonito, me mantuve muy tranquila. Tuve calma cuando rompí aguas, y hasta desayuné algo para evitar así que me durmieran entera en la cesárea, no quería perderme detalle y, además, me daba miedo de no despertarme y no poderlos ver.

Él pareció transformarse de nuevo. Pasó una semana entera conmigo en el hospital sin despegarse de mi cama. Sólo se ausentaba para ir a dar de comer a los niños a la incubadora. Cuando me dieron el alta, él se cogió su mes de vacaciones y de nuevo parecía desvivirse por mí y también por sus hijos. Los bañaba, les daba de comer, pasaba noches con ellos en brazos cuando no dormían, pero como todo con él, eso también se acabó. Todas las tareas volvieron a caer sobre mí porque él se pasaba el día fuera de casa, se supone que trabajando o bebiendo, o con prostitutas, no lo sé y estaba muy cansado cuando regresaba a casa. Siempre había alguna excusa para no salir, el calor, el frío, el cansancio, el poco tiempo...

Así que ahí estábamos mis chiquitines y yo día tras día en una habitación sin salir hasta quince días seguidos.

Él se encargaba de hacer la compra cuando salía de trabajar y así se aseguraba de que yo no ponía un pie en la calle. Me tenía que duchar en tiempo récord, porque si no ya protestaba y me acosaba preguntándome qué hacía tanto rato en el baño.

Cuando los niños tenían más o menos cuatro meses, las cosas comenzaron a complicarse aún más. Empezó a entrar antes a trabajar y redujo a media hora su hora para comer en casa, salía cada vez más tarde de trabajar, casi de noche. ¿Dónde estaba? Bebiendo. Nuestro dinero comenzó a desaparecer vertiginosamente. Llegó un momento en el que sólo con sentir sus pasos por el pasillo de la escalera sabía cómo venía. Fumado, bebido o drogado. Sentía miedo cuando oía la llave en la cerradura.

Comenzó a mostrarse día a día más agresivo, violento y despreciativo que nunca. Jamás admitía, como alcohólico que es, estar borracho. A veces cogía a los niños y se tambaleaba con ellos en brazos subiendo las escaleras. Vomitaba en cualquier parte de la casa y mi vida comenzó a ser un verdadero infierno.

Aún hoy se me pone mal cuerpo cuando pienso la cantidad de veces que he viajado con él en el coche. Si mezclas alcohol, drogas y su constante ira, no sé cómo nunca nos matamos en la carretera. Era para mí un alivio cuando llegábamos a nuestro destino. Solía pensar que si alguna vez tuviéramos un accidente me gustaría no sobrevivir, porque si veía que a mis hijos les había pasado algo y a él no, lo mataría seguro. Cuando montaba a los niños en el coche y yo le decía que tenía miedo, que en ese estado no podía conducir, me decía que no fuera, pero que él se iba con los niños. Jugaba con el coche y disfrutaba haciéndome pasar miedo, igual iba a doscientos por una carretera de curvas, o se ponía a cincuenta en una autovía.

Siempre con la misma sonrisa de cabrón, me miraba y me preguntaba: «¿Tienes miedo?». De sobra sabía él que sí, pero le encantaba ver mi pálida cara mientras se jugaba la vida de todos. Parecía trastornado, bebía a diario, fuera y dentro de casa, pasaba las tardes y los fines de semana en el sillón tumbado viendo la tele y mis hijos y yo en la habitación. Si hacían ruido él subía más y más la tele y protestaba porque no le dejaban oír. Durante esta época me amenazaba de muerte con cortarme el cuello. Sus ojos brillaban cuando hacía el gesto de cortarme el cuello en el suyo propio. Me insultaba, insultaba a mi familia, era especialmente celoso con mi padre, sabía lo mucho que significa para mí. Más que como suegro lo veía como un hombre y por lo tanto un rival para él, me hacía ver la mierda de familia que tenía, me solía llamar mantenida, muerta de hambre y que si no fuera por él, qué sería de mí.

A veces yo quería escapar para no oírlo más, entonces él me acorralaba contra las paredes cortándome el paso. Comencé a darme cuenta entonces del miedo que me producía. Llegué a dormir con un cuchillo bajo la almohada, temía por mi vida cada vez que él llegaba de madrugada. No sé si hubiera sido capaz de usarlo, creo que no, pero me hacía sentir que ante un ataque suyo podría defenderme, me hacía sentir segura. Generalmente me hacía la dormida cuando él llegaba de madrugada, pero no funcionaba, buscaba pelea y sólo estaba yo. Otras veces, él buscaba solamente sexo, y ahí en casa sólo estaba yo también. Con el asco, el miedo y el horror que me producía que me tocara, intentaba fingir placer para que el momento acabara lo antes posible. Me hacía daño, se lo decía pero a él le daba igual, tenía que hacer lo que a él le apeteciera. ¡Qué mal me sentía en esos momentos! Ahora le pongo nombre, no es asco ni malestar, se llama violación.

Yo le decía que los niños dormían, que se callara. Él solía contestar: «Que te den por culo a ti y a tus hijos. Ésta es mi casa y chillo lo que se me pone en los cojones, y si no te gusta ahí está la puerta».

También recuerdo que mientras él dormía en el sillón, de puntillas subía la escalera para robarle dinero del pantalón para poder comprar, era más fácil que pensara que él lo había perdido a tener que pedírselo y seguir aguantando reproches.

Mil veces le supliqué que cambiara, que no podía más, que no era feliz, que pensara lo que estaba haciendo. Jamás reconocía su culpa, sólo encontraba la mía. Ahora sé que ni un solo minuto de los que he pasado con él ha sido culpa mía.

En junio de 2004 decidió irse del trabajo, llegó a un buen acuerdo y yo le apoyé pensando que era lo mejor, que podría ser una salida para cambiar mi vida. Cambiar de casa, de ciudad y comenzar en otro sitio. Pero fue peor, muchísimo peor, al no trabajar pasaba demasiado tiempo en casa y ya no tenía excusa alguna para irse al bar.

Por obligación, cuatro días en semana los pasábamos en el pueblo donde yo estaba aún más aislada y encerrada que nunca, apenas veía a mi familia. Se obsesionó cada día más con las drogas. Cuando se acababa la coca se ponía nervioso y me acusaba de ser una mala madre, y yo, como tantas otras cosas, también me lo creía.

Con los niños se comportaba igual que conmigo, tan pronto no podía vivir sin ellos como los llamaba tontos simplemente por llorar. Si dejaban los juguetes tirados se los barría y los tiraba a la basura. Un día cogió el muñeco preferido de mi hija y comenzó a darle patadas y golpes porque no se lo dejaba a su hermana para jugar, mi hija lloraba amargamente mientras miraba a su padre maltratar a su muñeco.

Al niño se lo llevaba generalmente de paseo para hacerlo a su imagen y semejanza. Solía llevarlo a los bares y sentarlo en la barra mientras él bebía. Jamás se llevó a los tres juntos, es evidente que era, es y será incapaz de desenvolverse con los tres a la vez.

Así pasaba el tiempo y yo llegué al límite, no podía más, tenía claro que no lo quería, no lo soportaba, y no quería seguir viviendo con él. No quería esa vida para mí ni para mis hijos, pero qué podía hacer si no era nadie y no tenía nada.

Ahí comprendí que ni casa tenía, que mi vida se reducía a esperar que pasaran interminables días encerrada con mis

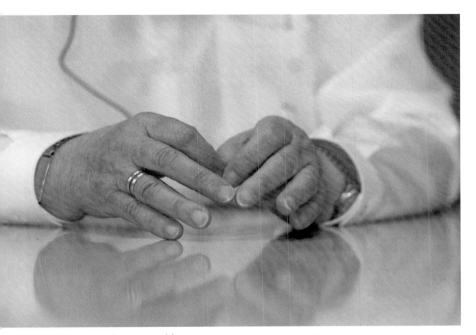

Mariquilla: «No sé leer ni escribir...

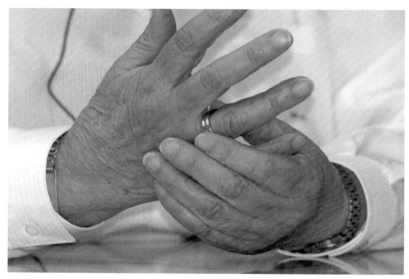

Mariquilla: ...pero sí puedo contar mi historia para que otras mujeres no pasen lo mismo que yo».

Espido: «Si la infancia de Mariquilla hubiera sido otra, si al menos una de las circunstancias de su vida hubiera variado, quizás no me encontrara ahora ante una mujer rota, una mujer destrozada a golpes y a humillaciones, a violaciones, a insultos».

Olga: «Mi nombre es Olga y tengo muchos motivos para ser feliz, a pesar de haber permanecido dieciséis años de los treinta y ocho que tengo junto a un maltratador alcohólico y drogadicto».

urdes: «Apenas conozco a Olga. Pero mientras avanza en su historia escucho
s revelaciones con la confianza de una amistad estrecha».

Ana: «Cuando dentro del zapato encontramos una araña o al respirar se sien
como un vidrio roto, entonces hay que contar lo que pasa».

Ángeles: «Su propia terapeuta, especializada en víctimas de violencia de género, asegura que Ana es la mujer más arrasada psicológicamente de cuantas han llegado hasta ella».

Sara: «Siempre, siempre, llevaba gafas negras de sol aunque el sol no brillara».

Eugenia: «Llamadla Sara. Éste no es su verdadero nombre. Su verdadero nombre es el tuyo. Porque podría pasarte a ti».

Alejandro: «Hace treinta y ocho años que persigo un sentimiento, toda mi existencia pretendiendo saber quién soy».

Rosa: «Para poder dirigirte esta carta, Mari Carmen, he hablado con tu hijo, que me ha mostrado el panorama que dejó tras de sí tu asesino».

Ángeles y Ana

Lourdes y Olga

Sara y Eugenia

Concha Casajús: Fotografías.

Fernando Marías y Silvia Pérez, editores:
«El miedo vive, pero la palabra puede llegar a arrinconarlo».

hijos en una habitación. Me agarré fuertemente a ellos y con sus sonrisas conseguían transportarme a otro mundo en el que él ya no estaba.

Según crecían los niños y comenzaban a moverse por toda la casa ya no sólo molestaba yo, ellos también. Era angustioso conseguir que tres bebés no hicieran ruido y siempre estuvieran limpios, comidos y bien vestidos, pero a base de mucho esfuerzo y no dormir hasta caer de agotamiento lo conseguí. Y aún así no valió todo mi esfuerzo para nada.

Lo impredecible de su comportamiento es lo que me hizo vivir permanentemente en alerta. Nunca sabía por dónde iba a salir, y la única esperanza y fuerza para seguir viviendo, mejor dicho sobreviviendo a su lado, era agarrarme con fuerza a la idea de «mañana va a ser diferente, va a cambiar», esperanza que mantuve casi hasta el último momento.

Un día desperté y guiada por el miedo y sin saber muy bien lo que hacía, tras un desagradable episodio, denuncié. Y lo demás, con mucho valor y mucho esfuerzo, vino rodado.

El día 11 de marzo de 2005 fue mi última noche con él. A las ocho de la tarde dijo que iba a ver a un amigo, fue una más de sus mentiras, el bar le esperaba. Algo dentro de mí me decía que esa noche sería diferente, que no iba a soportar más miedo. Me quedé a esperar que regresara.

Llegó a las tres de la madrugada y sin ganas de hablar. Yo comencé a provocarlo, le reproché, interrogué y exigí explicaciones. Y como no podía ser de otra manera, salió el animal de dentro. Me dijo: «Yo lo gano, yo lo gasto, llevo diecisiete años trabajando para ti y ya es hora de que me mantengas».

Hizo un repaso general de mí y de mi familia a base de insultos y de desprecios: puta, mantenida, fea, gorda... En ese momento puse la grabadora del móvil, me estaba amenazando de muerte. «Te voy a matar, te voy a cortar el cuello, hija de puta», decía. Fui a la cocina y cogí el cuchillo más grande que había y lo puse en sus manos, mis palabras fueron frías. «No vuelvas a amenazarme, mátame si es lo que quieres». No agarró el cuchillo, lo dejó caer al suelo. Y ahora me alegro, si lo hubiera cogido, igual nunca os hubiera contado esto, a lo mejor sería una mujer más asesinada, un número más en la negra lista de mujeres asesinadas a manos de sus parejas.

Me senté en el sillón, él se dio cuenta de la grabación y saltó sobre mí, forcejeamos y contra su fuerza no pude hacer nada. Es muy corpulento, yo pesaba entonces treinta kilos menos que él. Me sujetaba de pies y manos hasta que logró quitarme el móvil y estrellarlo contra el suelo haciéndolo añicos. Su cara era de loco, después me miró con desesperación y se lanzó de cabeza contra la pared dos veces, dejando un agujero y marcas de sangre, se tiró al suelo y comenzó a chillar que no le pegara más. Se levantó y con ojos fríos me dijo: «Ahora me voy a denunciarte». Yo le pregunté, «¿crees que te van a creer?».

En ese momento noté el miedo en su cara, él sabía que ya no tenía el poder sobre mí, que ya no lo controlaba todo.

Yo, atónita, permanecía sentada en el sillón hasta que di un salto, recogí mi teléfono roto y me encerré en la cocina. Sentada en el suelo sujetaba la puerta con mi espalda haciendo presión con los pies en los muebles para que no entrara, no paraba de dar golpes que rebotaban contra mi espalda, no sentía nada salvo una aceleración en la que parecía salírseme el corazón del cuerpo. Con la punta de los dedos alcancé a abrir un cajón y saqué un móvil muy antiguo al que milagrosamente le quedaba un hilo de batería, cambié la tarjeta del roto y marqué el 112, pedí ayuda. Apenas conseguí hablar, pero vinieron enseguida, fue él mismo quien les abrió la puerta. Yo seguía en la cocina.

Hablé con un policía y me dijo que subiera a denunciar pero yo no podía dejar a mis hijos dormidos y solos con él en casa. De rodillas y frente a él, les supliqué que se lo llevaran, que me iba a matar. Hicieron unas llamadas, vinieron unos médicos y mi cocina se convirtió en su consultorio. Tenía moratones en todo el cuerpo.

Después, lo esposaron y se lo llevaron. Cuando se iba por la puerta me dijo: «¿Cómo puedes hacerme esto, Olguita?». Nerviosa pero fría le dije «se acabó» y sentí un gran alivio porque sabía que era para siempre, o al menos eso sentí en ese momento. Llamé a mi padre y le dije que si podía venir, que mi marido estaba detenido, no hubo preguntas, sólo un doloroso llanto y una voz que preguntaba: «¿Te ha pegado mucho?».

Por la tarde tuve el juicio rápido, y a los siete días el penal. Él se declaró culpable para reducir un tercio su condena y no entrar en la cárcel, yo solamente entré a escuchar la condena, lo vi de espaldas. Me pareció lejano, extraño y muy deteriorado aunque sólo había pasado un día. Me dio pena escuchar la condena y rompí a llorar, no le deseaba mal alguno, tardé aún un tiempo en asumir que era un maltratador, que es malo. La impresión primera era como si la condena se la estuviera poniendo yo, me seguía sintiendo culpable. Casi tres años de cárcel por dos delitos: agresión y maltrato habitual, y quinientos metros de alejamiento hacia mi persona durante los próximos tres años.

Días más tarde vino a recoger sus cosas y conversé con él. Llorando le dije que me hubiera gustado que las cosas hubieran sido de otra manera, que le perdonaba y le deseaba lo mejor. Él reconoció que se había portado muy mal y que no le estaba pasando nada más que lo que le tenía que pasar y lo que tantas veces yo le había dicho, que se iba a ver muy solo. Mentía, sólo era una estrategia para poder volver a mi lado y seguir quitándome vida poco a poco. De hecho, las pocas veces que hablé después con él fueron muy diferentes, intentó volver a controlar cada paso que daba, ya no le fue posible. Un día hice la maleta, cogí a mis hijos y desaparecí. Tuve que huir para poder sobrevivir y ser la persona que hoy puede escribir estas palabras.

Tuve una reunión con los abogados en la que se redactó un mutuo acuerdo en el que él salía beneficiado en todos los aspectos, fue una especie de encerrona en la que me vi envuelta y presionada por todas partes, pero no me daba cuenta, sólo quería que me dejara vivir en paz a cualquier precio.

Durante mes y medio se llevó a los niños cuando le vino en gana y yo seguía igual de controlada y encerrada en mi casa que antes. Los niños me contaban que su papá no jugaba casi con ellos y que apenas les hacía caso.

Comprendí que mi vida necesitaba un cambio definitivo, que tenía que salir de aquel lugar y de todo cuanto me rodeaba. El día 24 de mayo de 2005 ingresé en un centro de recuperación integral para mujeres y niños víctimas de violencia de género. Ese mismo día tenía que haberme presentado en el juzgado a firmar el mutuo acuerdo, pero no lo hice. Hubiera sido un gran error del que me hubiera arrepentido durante toda mi vida, nunca me hubiera dejado en paz, cuanto más le hubiera ofrecido para que me dejara tranquila, más me hubiera ido exigiendo.

Mi primera sensación al entrar en el centro fue que estaba a salvo y lejos de él, y lo más importante, creían en mí. No estaba loca, yo y sólo yo era dueña de mi vida.

Qué extraña pero gratificante sensación. Hubo días buenos y días malos, pero ya no esperaba con miedo el sonido de una llave abriendo la puerta. Los cambios se fueron sucediendo vertiginosamente, era capaz de reír, de llorar y de disfrutar de las cosas más insignificantes de este mundo.

Hablaba, decidía, iba, venía y no pasaba nada. Pasaba un día y sabía que mañana existiría otro para mí. Poco a poco lo fui alejando, comprendí que mi maltratador ni estaba ni iba a estar más en mi presente, y así pasaron diecisiete inolvidables meses de mi vida dentro de esta casa. Ahora soy feliz, con problemas como todo el mundo, pero feliz.

Tengo una casa alquilada, un trabajo y la satisfacción de ver lo que soy, y no lo que creía que era.

He visto no sólo en mí el cambio, lo he visto en mis hijos. Pedro, Ángela y Andrea ahora son felices, sus ojos brillan. Ahora sí son niños, aunque tengan que ver a su padre obligados y en contra de su voluntad por orden de un juez. Ahora sí tengo fuerzas para no darme por vencida en nada, para mí al igual que para casi todo el mundo la vida no es fácil, pero ahora la vivo, la elijo y la disfruto como nunca antes lo había hecho.

El chico de la cazadora de cuero que se transformó en vampiro
Lourdes Ventura

Lo que yo sé de Olga es muy poco. Los dieciséis años de encierro con un sádico. Las fluctuaciones del cuerpo de una mujer acosada. Él decía: estás gorda, eres muy fea. Y luego se reía a carcajadas. Se reía de ella aislada en una casa amurallada a cal y canto. Una mujer sin fuerzas para reaccionar. Olga se fue perdiendo las doradas tardes otoñales, la agitación de los árboles en los parques cuando amenaza tormenta, los hombres-estatuas de las calles, el bullicio del agua en las piscinas, estaba demasiado ocupada intentando no cometer errores, el hogar perfecto, todo en orden, pero ¿qué hogar?, siempre había un detalle insignificante que desencadenaba la cólera del carcelero.

Si Olga respiraba, si pisaba el territorio exterior sin permiso, si había cruzado una palabra con una vecina en el supermercado, él lo detectaba inmediatamente y tomaba represalias. Ella fue olvidándose de reír, soportaba lo insoportable, porque él, de pronto, parecía arrepentirse. No quedarse sin corazón, pensaba ella al principio. Seguir amándole. Él va a cambiar. Se mentía a sí misma porque ya había entregado toda su energía. Pasaban los años y era duro borrar lo vivido de un plumazo. Se autoengañaba porque él tenía aquel modo seductor de contar mil patrañas, de pedir perdón. Después de la ira ciega, se convertía en un hombre arrepentido y atormentado. Digno de lástima. No le importaba suplicar, autoflagelarse, proclamarse culpable hasta que ella le perdonaba una vez más. Durante un tiempo el centinela implacable ocultaba su lado sombrío. Pero el amor que Olga experimentaba se hundía cuando en su rostro volvía a restallar, inesperadamente, la carcajada del diablo.

Apenas conozco a Olga. Pero mientras avanza en su historia escucho sus revelaciones con la confianza de una amistad estrecha. Su relato progresa segundo a segundo y debo captar lo que acaso quede enquistado más allá de la construcción de las frases. Expone ante mí sus recuerdos, el dolor frío y quebradizo, con la fragilidad de un cristal que puede saltar en pedazos en cualquier momento. La adivino también por los silencios. Olga no pronuncia nunca la palabra odio. Dice: dolor sordo, bloqueo, rabia, brutalidad paralizadora. Podría decir también: sometimiento, abusos psíquicos encaminados a humillar a una mujer mediante el miedo y la dominación constantes. El cautiverio de una joven a la que han arrancado su autonomía económica, social y psíquica. Cuando te han reducido a escombros el tiempo pasa muy deprisa. Te deslizas rodando por una pendiente sin darte cuenta de que la idea de no estrellarte se está tragando tus días. O te quedas quieta como una piedra muerta. Falseas la realidad. Retienes el aliento cuando visitas a los tuyos, nunca sola, un monstruo de la Gestapo está a tu lado, siempre te relacionas con los demás bajo la supervisión atenta de un vigilante que controla tus tonos, la dilatación de una pupila, cada sílaba que pronuncias, para que sus torturas queden impunes, para que no tengas la más mínima posibilidad de pedir ayuda. Todo va bien. Mentira, mentira, esto es un agujero lleno de peligros.

Recuerdo el escalofrío que me provocaban sus sarcasmos cada vez más hirientes, cuenta Olga. Él se reía de ella sepultada en vida en el domicilio conyugal. A veces, más tarde, cuando ella ya no sabía cómo zafarse del terror, él hacía el gesto de rebanarle el cuello con un cuchillo. Y después, de nuevo los estallidos violentos de un hombre cruel.

Olga es ahora fuerte y muy hermosa. Desde los dieciocho años encadenó su existencia a un individuo que la iba acorralando extrañamente. Lo que percibo en la mujer de hoy no me hace posible penetrar del todo en el vínculo que la retenía junto al verdugo. Pienso en ciertas personas internadas en los campos de concentración nazis. Algunas de ellas tuvieron la oportunidad de huir. Y sin embargo no fueron capaces de escapar. Pensaban que estaban ya muertas, que no había nada fuera de los muros inexpugnables, que eran sólo despojos y que no sería posible sobrevivir sin los golpes de los guardianes y las escudillas de agua sucia.

Hubiera sido necesario ver con claridad, sabiéndose desgarrada por aquella mirada burlona, reconstruyendo los gestos bestiales, las amenazas veladas de los primeros años. Pero todo eso lo descubrió mucho más tarde. Cuando ya estaba fuera del círculo de las agresiones. Cuando tuvo el valor de pedir ayuda. Él la fue despojando de su fortaleza. Se clavaba en ella la risa del diablo que yo no puedo imaginar del todo porque desconozco el rostro de su maltratador. Pero no deben engañarse quienes nos leen, el violento se puede revestir con el cuerpo y los ojos de un ángel. Un ángel brutal y asesino con una espada de desprecio que arrasa poco a poco tu alma.

Reinvento en mi cabeza lo que me cuenta Olga. Lo conoció un fin de semana en un pueblo de Segovia, poco después de la separación de sus padres. Era el hermano de una amiga del colegio. No había entrado en sus planes enamorarse, era una chica de dieciocho años llena de vida, tenía los repliegues de la tristeza por la separación de sus padres, sí, pero también un cuerpo que se abre a la vida, con el apetito de tragarse el mundo. Bailaron abrazados, como en los cuentos clásicos. El príncipe negro llevaba una cazadora de cuero. Olga no podía saber entonces de su negrura. Para ella los príncipes soñados eran azules. En ese preciso momento algo, una de esas escenas que cambian una vida, debió de ocurrir al mezclarse sus respiraciones. Un torbellino arrastró a Olga hacia su pareja. Bailar pegados. El tiempo se precipitó y permanecieron perturbados, aislados en la pista. Algo sobrevino, pero ¿qué? ¿Qué era aquel afán de no poder separarse, de perderse en el otro, de no querer saber de sí misma? Al principio, él se presentó como mi salvador, dice Olga, me halagaba, quería verme constantemente, sabía darme la seguridad que yo necesitaba. No te preocupes de nada, estás conmigo.

Habla con voz serena, contempla su historia desde la lejanía, como si estuviera en lo alto de una montaña y su pasado discurriera en la minúscula aldea de un valle, apenas perceptible en la distancia. Progresa poco a poco en la reconstrucción de los orígenes: mis padres se habían separado, yo necesitaba que él fuera mi Dios.

Conozco a su maltratador tanto a través de los tonos un poco más desgarrados, como por el hielo de la voz que de pronto se endurece. No me queda más remedio que imaginar la mente de un paranoico encubierto. Meticuloso, perfeccionista, dominante, temeroso del contacto emocional, por eso las relaciones tiránicas. Se aferran a la rigidez de los roles sexistas: la mujer, la pata quebrada y en casa, literalmente: te rompo las piernas si sales, si te ves con tus amigas, si hablas con un tío, si me engañas te mato, yo soy el hombre, tu carrera es una mierda, yo traigo el dinero a casa. No te preocupes de nada, estás conmigo. Yo soy tu Dios. Un paranoico nunca mantiene una relación de igual a igual, siempre se sitúa en la posición dominante. Yo te maltrato porque me perteneces, porque soy tu dueño y señor, el talibán de los talibanes, tengo derecho sobre ti porque eres una mujer y tu comportamiento está equivocado, eres una inútil. Sin mí no eres nada. Tengo poder sobre ti porque poseo una brutalidad de la que tú careces, soy un hombre hombre, hay que tener un par de huevos para poneros firmes, y yo grito más fuerte, ¿no escuchas este vozarrón de macho? Soy duro contigo porque debo educarte, hay que enderezarte, ¿quién te va a aguantar a ti si no estuvieras conmigo? Yo soy el amo y te corrijo con severidad porque eres una mujer y las mujeres no valéis nada.

No, Olga no ha pronunciado la palabra paranoia. Ella ha aprendido bien que los maltratadores no son del todo enfermos mentales. O al menos hablamos de otro tipo de destructividad cotidiana, hablamos de la enfermedad del odio a la mujer por ser mujer, del mal del desprecio. De la imitación de actitudes brutales que heredaron de sus padres, de sus abuelos. En realidad se trata del miedo que los violentos tienen a ser cuestionados por la inteligencia femenina. Soy yo, la escritora, la que mezcla, a la vez, lo que me cuenta Olga con el retrato de un paranoico, controlador y violento. Confundo los rasgos cuando ella me habla de los celos mórbidos de quien fue su marido. No tengo otro modo de completar la personalidad de un hombre sin rostro.

Algunos psiquiatras y psicoanalistas hacen coincidir las características de los paranoicos con las de los maltratadores domésticos que ejercen la agresión sádica, repetida y prolongada sobre las mujeres. Tienen en común la desconfianza de todos y de todo. Están investidos de un destino más grande que su realidad y viven decepcionados y amargados. Sospechan que su mujer les oculta secretos inconfesables. Algunos especialistas califican los celos obsesivos de «paranoia conyugal». Los celosos compulsivos vigilan constantemente el maquillaje, la forma de vestir de su pareja, el modo en que se dirigen a otro hombre.

Estos individuos se trastornan completamente si escuchan una risa demasiado franca, si descubren una falda un milímetro más corta. Un parpadeo, una mirada más larga de lo que él considera oportuno pueden desencadenar una catástrofe. Olga trataba de volverse medio ciega cuando salían al exterior. La mirada clavada en sus propios pies o fija en los ojos controladores de su maltratador. No ver a nadie, disimular los destellos de súplica, ocultar que se han vertido ya todas las lágrimas. Además los celos se agravaban más cuando él bebía o llegaba a casa drogado.

No me considero con derecho a hacer muchas preguntas concretas: ¿cuándo supiste que era un alcohólico?, ¿qué indicios tenías de que había estado bebiendo con otras mujeres?, ¿qué día, en qué mes, hacía calor o un frío gélido, empezó él a ocultar sus ansiedades con las drogas? Me sentiría como una detective que acosa y husmea, yo no soy una jueza ni una psiquiatra, sólo soy una conciencia que escucha a esta mujer que ha tenido la mala suerte de enredar su vida con la de un maltratador emocional.

Ya me cuesta bastante hurgar en el pasado de Olga para exigir encima precisiones. En las horas que dure nuestro encuentro será difícil que la cronología sea exacta. Se trata de resumir el suplicio de dieciséis años en un breve lapso de tiempo. Por tanto, Olga no fija con exactitud el momento en que él se convertiría en un alcohólico. Tampoco sabré si hubo un instante definitivo en que la adicción sumió al abusador en la niebla completa de la irrealidad.

Me atrevo a preguntarle si en las ocasiones en las que él llegaba en aquel estado deplorable ejercía la fuerza o la intimidación para obligarla a tener relaciones sexuales forzadas. Es la primera vez que los hermosos ojos de Olga se apagan del modo en que un eclipse total ennegrece de súbito una mañana soleada. Ella, instintivamente, no se resistirá, su supervivencia estaba en aplacar aquella ira, lo veía avanzar, apretaba los ojos como la víctima que va hacia su suplicio, sabía que de rechazarle llegarían los golpes, tal vez la muerte. A veces, si él estaba muy ciego, ella podía utilizar artimañas para zafarse. Olga no pone nombre a aquellos ataques sexuales continuos. Yo sé cómo denominar esa agresión sexual reiterada llevada a cabo mediante amenazas y violencia física, se llama «violación matrimonial», y las heridas que causa esa traición íntima en la psique de una mujer son muy profundas y dolorosas.

Con la mirada perdida en los ventanales de la habitación luminosa que nos acoge, Olga aparta de su pensamiento de esas imágenes. Lo intuyo porque su respiración se vuelve serena, acompasada. Sé que ha regresado a otro lugar más acogedor. Ha vuelto al primer encuentro. Cuando la vida era posible. Cuando todo empezaba en aquel pueblo de Segovia. Puedo sentir cómo surge de entre los escombros de su pasado, el baile.

Todo el mundo había desaparecido. Ya no sonaba la música. Olga y el príncipe negro se besaban en medio de una soledad helada. Y entonces Olga entreabrió los ojos y se miraron largamente por primera vez. En cuanto Olga vio aquella obstinación, comprendió, por la extraña persistencia, por el tumulto interior que parecía haberlo invadido a él, que estaban atados para siempre. Pensó más tarde que incluso aquel día ya surgió un latido de miedo, como si hubiera una trampa en algún sitio y ella no pudiera escaparse de aquel príncipe que prometía ser su dueño y señor. Su salvador. No te preocupes, no te va a pasar nada, yo estoy aquí.

Si él era Dios, ella tendría que resignarse a no ser nadie. A no existir. Pero eso no lo pensaba en aquel instante. Sintió sin embargo, una punzada de alarma en algún lugar. O fue más tarde, cuando él contaba delante de ella a los amigotes que el día que la conoció le pareció la tía más fea del mundo. La tía más fea, y se descojonaba de risa, se desataban en él las risotadas del vampiro. Pero en el baile, sumida en el abrazo que la aislaba del resto del mundo, Olga no sabía que se abriría un abismo bajo sus pies. Tenía dieciocho años y el ímpetu del amor. Era muy alta y fuerte, no podía imaginar que el chico de la cazadora querría, con el tiempo, verla doblegada, pulverizada, convertida en cenizas.

Muchos años de desaprobación y sadismo han precedido a esta reunión mía con Olga. Nos presentan en esta sala acristalada llena de luz. Lo primero que percibo en ella es el cabello rojizo y la cabeza poderosa. Es muy alta y su cuerpo se recorta contra el paisaje de la gran ciudad que se dibuja a lo lejos, más allá de los ventanales. Olga ha llegado antes que yo y me parece que sus pasos son más firmes que los míos, frágiles y desorientados en estos días otoñales que me han encontrado más débil que de costumbre. En cambio siento como se alza en Olga una fortaleza titánica, a medida que me va contando su historia. Fuerza sin odio, eso me asombra después de tanto tiempo de soportar los castigos brutales de un maltratador psicológico. Pero un agresor abusivo va pasando del dominio emocional al físico. Había también golpes, patadas, pellizcos retorcidos, claro que había maltrato físico, aunque Olga lo menciona de pasada, tanto que ella llegó a dormir con un cuchillo oculto bajo la almohada.

Transcurrieron los años y todas aquellas humillaciones fueron creciendo hasta tener consecuencias devastadoras para Olga. Su carcelero la castigaba con la incomunicación verbal, le negaba el dinero para los gastos básicos, la aislaba del resto de su familia, controlaba sus conversaciones telefónicas. La despreciaba constantemente, la insultaba. No había autoestima posible para la víctima, ya no quedaba sangre en sus venas para reaccionar. Olga no era capaz de hablar de su vida de reclusa con sus familiares o amigas. Además, él nunca le permitía estar a solas con nadie. Y de vez en cuando él volvía a atraparla con engaños y halagos. Le decía que iba a cambiar, sería otro, lo juraba, se convertiría en un marido perfecto. Él era astuto como un zorro, y ella estaba demolida. Nadie puede salir de una situación así sin ayuda. Ella cedía. Llegaron los trillizos. Olga le creyó por enésima vez. Cambiaría del todo su conducta, dejaría el alcohol y las drogas, se ocuparía de los bebés. A Olga le costaba convencerse de aquella transformación, pero necesitaba que el terrible escenario de su vida se apaciguase. Ella era feliz con sus dos niñas y su niño. Eran preciosos. También él parecía estar contento con tres bebés maravillosos en casa. Los cuidaba, los mimaba, parecía otro. Olga empezó a creer en los milagros.

Pero era demasiado tarde. Demasiado tarde para un violento agresivo, alcohólico y drogadicto. Para un murciélago cruel que ya no sabía vivir sin la sangre ajena.

Regresó el dolor desgarrado, el temblor de cada noche cuando Olga era amordazada con las sábanas y violada entre sudores de muerte. Aliento de alcohol y arcadas producidas por el rastro del perfume barato de alguna mujer de un club nocturno. El filo del cuchillo temblaba bajo la almohada de Olga. Pero ella no era una asesina. Mañana, nada me detendrá, lo abandono a partir de mañana. Fueron muchos instantes, o tal vez un solo segundo definitivo que se alzó como luz blanca al cerciorarse del enloquecimiento del ser con el que compartía la cama. Olga está ahora segura. Otras mujeres han escapado. La idea empezó a hacerse más sólida dentro de Olga. Pediría ayuda. Encontraría una salida. Por sus criaturas. Porque no quería que sufrieran los mismos gritos, las mismas heridas que arrastraba ella. Había luz al final del túnel, aunque la oscuridad era todavía la del fondo de la tierra. Supo que no estaba muerta del todo.

Luchó como una fiera en la pelea final. Me lo cuenta esta vez con detalles, los gritos, las trampas, su resistencia sujetando la puerta de la cocina con las piernas, la fuerza de leona que se despertó en ella para defender a sus crías. La llegada de la policía. Se acabó. Sin contemplaciones. Ya no habría más vueltas atrás. Sólo buscar ayuda. Suplicar protección de aquellos que la querían de verdad y podían salvarla.

Se acabó. De verdad. Pienso que la asistencia psicológica que ha recibido Olga para llegar a este punto ha sido excelente. No hay resentimiento, sino claridad. No se engancha al pasado sino que lo describe como si estuviera al otro lado de un cristal y la vida de ayer hubiera sido únicamente una pesadilla. Un mal sueño del que Olga ha salido renovada. Tiene treinta y ocho años y está empezando a vivir.

Él nunca me había permitido ir a una piscina ¿sabes?, me dice. Me encanta la frescura del agua, caminar descalza por la hierba. Jugar con mis tres preciosidades.

Salgo del encuentro con Olga desorientada. No sé en qué calle de Madrid me encuentro hasta que me veo en la Castellana y me siento contenta por haber conocido a una mujer tan resistente. Les parecerá una paradoja pero en Olga envidio una capacidad de lucha de la que esta mañana otoñal yo carezco. El otoño algunas veces pesa. No hay un precipicio ante mí, sólo cansancio, el agotamiento común y corriente de algunos días más grises.

Has transformado el dolor en fortaleza, le digo a Olga al despedirnos. Calla y sonríe, como si quisiera guardar el secreto de su despertar a la vida. Luego se agrandan sus ojos luminosos. Todo es nuevo para mí , ¿sabes?, la arena de las playas, tener un trabajo, pasear con los trillizos por el parque. Las risas, sobre todo el sonido de nuestras risas. Alguna vez pensé que ya nunca volvería a reír. Me gustaría avisar a las mujeres que están sufriendo la tortura que yo he pasado, dice Olga. Hay que pedir ayuda al borde de las fuerzas, antes de que sea demasiado tarde, entonces se vislumbra una salida. La vida está más allá de los muros entre los que nos sepultan y apalean los maltratadores. Tenemos derecho a escapar del horror y existe mucha gente dispuesta a echarnos una mano para arrancarnos de la oscuridad.

Parece aún más alta, sus palabras se tornan resplandecientes. El sosiego planea sobre esta mujer renacida. Ya sobran las preguntas. Nos decimos adiós y la sonrisa cálida de Olga flotará por un instante en el aire.

Sara

EUGENIA RICO

Sara

Las gafas negras de sol.

Prefiero llamarme Sara. Tengo setenta años. Aguanté a mi marido hasta que mis cuatro hijos fueron mayores. Y todavía me duele todo por dentro. Él era muy bueno fuera de casa y muy malo dentro. Me casé a los veintiséis años y mi matrimonio duró veinticinco. Un día dije basta y ya nunca más me volví a callar. Por ello los golpes (en dos ocasiones), los insultos, las humillaciones y las broncas diarias. Tenía que cerrar las ventanas para que los vecinos no escucharan sus gritos.

Otro día decidí abrirlas de par en par para que todo el vecindario lo escuchara y que se enteraran de que no era el hombre amable y educado que suponían.

Nací en Andalucía y era la mayor de cuatro hermanos. En aquella época había tanta necesidad que no pude estudiar. Me dediqué a ayudar a mi madre. Toda la vida metida en casa y sólo aprendí a coser. En el pueblo no tenía perspectiva de nada. Mi vida era muy aburrida y sin posibilidades, sin esperanza alguna. Después de darle muchas vueltas, decidí marcharme de aquel sitio que me agobiaba.

Llegué a Madrid con veinticuatro años. Uno de mis hermanos ya vivía aquí, en un barrio a las afueras y pronto se iba a casar. Pero lo que más me animó fue que Patricia, una amiga de toda la vida y del mismo pueblo, llevaba ya muchos años en Madrid. Yo me dije «me voy a vivir con Patricia para aprender a coser mejor». Mi triste destino me estaba esperando en el portal de enfrente de su casa.

Allí vivía su tía y su primo. La que sería mi futura suegra iba mucho por casa de Patricia y decía «Hay que ver, qué chica tan maja, muy buena candidata para mi hijo». Y vino su hijo a conocerme. Qué tonta fui. Recién llegada a la ciudad, sin conocer nada ni a nadie más. Siempre me había gustado bailar, mi anhelo era conocer sitios para divertirme, para conocer gente nueva, no sé... encontrar algo distinto. Pero todo fue una ilusión. Mi padre no tuvo mejor idea que responsabilizar al padre de mi amiga por mi integridad moral. Y eso llevó a un férreo control, que no me dejaran salir. Y luego con mi marido menos que menos. Y con cuatro hijos a cuestas, tamaña fantasía. Y aunque tengo unos hijos maravillosos, ¿para qué quería tanto niño?

Él trabajaba en un centro comercial como representante de camisas para caballeros. Se iba por la mañana y volvía muy tarde por la noche. Yo siempre entre patatas y cebollas, biberones y pañales, planchando trajes y camisas. Ésa era toda mi vida.

Algunas veces venía a la hora de comer y tenía que tener la mesa puesta, y si había algo que no le gustara, a cocinar de nuevo. Como el jaleo de los niños le fastidiaba mucho tenía que apañarme para que no hicieran ruido y evitar que se enfadara. Siempre con los nervios al límite, siempre gritos, siempre insultos.

Un día uno de mis hijos me dijo: «Mamá, ¿hasta cuándo vas a ser el felpudo de la gente?». Y me lo decía claramente por su padre. Y fue cuando me dije «no paso ni una más». Mi hijo mayor, al ver que me machacaba tanto, se enfrentó con él y le dejó de hablar durante mucho tiempo. Eras su amigo o su enemigo, no tenía medias tintas, aunque se tratara de sus propios hijos.

Cuando comencé a negarme a sus malos tratos me golpeó varias veces y tuve que denunciarlo. He tenido unos padres maravillosos y nunca había conocido cosas semejantes. Pasé mucha vergüenza, cuando salía por la puerta de mi casa me esforzaba por poner buena cara, sonreír.

Siempre, siempre, llevaba gafas negras de sol aunque el sol no brillara.

De todos los tormentos que sufrí, hay uno que recuerdo con especial dolor. Una vez, cuando mis hijos eran pequeños, pedí a mis padres que vinieran a ayudarme. Él era incapaz de echarme una mano con tanto niño y el follón de la casa. Mientras preparaba la primera y única cena con mis padres, se me ocurrió, entre otros platos, preparar unos huevos y pregunté a todos cómo los preferían. Mi madre, como siempre, pasados por agua, mi padre fritos, y cuando le pregunté a él, contestó con su grosería habitual: «Para huevos los míos. ¿Hay algún problema?». Mi padre le llamó al orden. «Si vosotros no estuvierais aquí no tendríais por qué enteraros de lo que pasa en mi casa». Al otro día mis padres se marcharon.

Cada vez que iba a verlos, mis padres, nerviosos, me insistían que volviera pronto a casa para que no tuviera motivos para enfadarse. Sufrieron mucho, intentaban ayudarme pero no sabían cómo. «Aguanta, hazlo por tus hijos», me decían siempre. Ellos no sabían de la misa la mitad, no lo hubiesen consentido. Yo soy como mi madre, muy buena con todo el mundo, lo único que quería era la unión, formar mi familia. Mi padre era muy recto y no me atreví a decirles nada, me daba vergüenza. Se fueron a la tumba sin saber la verdad. Sí es cierto que me dio algunos guantazos, pero nada de lo que hoy veo que les hacen a las mujeres.

A veces, mi única distracción era jugar a las cartas con los vecinos del bloque. Cuando él llegaba, en muchas ocasiones bebido, me insultaba. Aseguraba que dejaba que uno de los vecinos me tocara la pierna debajo de la mesa. Una vez más permití que me menospreciara y fueron muchas veces. Siempre fui muy tonta y una ignorante.

Yo no contaba para él, no existía, fue machacándome día a día, minando mi autoestima. Siempre intentaba mantener una conversación amable, a la segunda pregunta se cabreaba y me tenía que callar. Y fue al poco tiempo de casarme. Lloré sin consuelo la primera vez, la segunda, la tercera y a la cuarta ya no me quedaban lágrimas.

Un día llegó con un traje nuevo, impecable, bonito. Le comenté lo bien que le quedaba y le pregunté dónde se lo había comprado. «A ti qué te importa. Acostúmbrate, soy así y tú no pintas nada en mis decisiones». Nunca contó conmigo cuando decidió comprar una casa, ni sabía cuánto ganaba. Un día me mostraba una nómina con una cifra y después otra con números distintos. Sólo contaba conmigo cuando había que firmar un crédito. Compró un piso en la playa, me obligó a firmar las letras, que al tiempo vendió para comprarse un Mercedes sin decirme nada. Yo no tenía idea de lo que estaba haciendo.

Hizo y deshizo como quiso, y me quedé sin nada. Tan distinto al caso de mis padres que todo se consultaban, que iban a todos lados juntos. Mi padre era incapaz de comprarse un calcetín sin la opinión de mi madre.

Me casé con mucho amor y con mucha ilusión. El único proyecto de novio que había tenido anteriormente era a través de unas cuantas cartas que habíamos cruzado con un mozo del pueblo. Y lo dejé.

Conocí a mi marido fumando porros y yo, ingenua de mí, no tenía ni idea de lo que era eso. Me enteré años después. Y ese vicio lo tenía muy trastornado, además de la bebida.

Una tarde, mientras lo esperaba para ir al cine y embarazada de ocho meses del primer hijo, llegó la policía a casa para avisarme de que estaba en comisaría. Lo habían cogido en el Retiro enseñando sus partes a unas asistentas que paseaban con unos niños. Resulta que la criada de un coronel llamó a la Guardia Civil y lo pescaron, lo esposaron y lo detuvieron. Estuvo veinticuatro días en la cárcel. Yo creí morirme. A pesar de todo, con mi abultada tripa, iba a verlo a diario, creí que era mi obligación. En aquel momento no supe analizar la gravedad del asunto, hoy, tantos años después, comprendo la magnitud de aquello, lo deplorable de su actitud, qué terrible vergüenza.

Ése fue el primer palo que recibí de él, me pidió perdón e intentó cortarse la venas en la cárcel. Lo que yo sufrí, recién casada y con un niño a punto de nacer. Fue un puñal que llevé clavado a lo largo de todos esos años. Yo no hacía más que llorar y llorar lamentando que estuviera en la cárcel.

Y una vez más, salía a la calle con las gafas negras de sol aunque el sol no brillara.

Él me reprochó muchas veces que nunca le había perdonado. Jamás le acusé con palabras pero sí con actitudes. Hoy sé más de la vida, y si pudiera volver atrás, jamás le hubiese dejado volver a casa, lo hubiese repudiado. Era sólo una cría, sin experiencia y muy confundida.

Durante los primeros años de nuestro matrimonio vivíamos con mis suegros y con su hermana. Ahora me digo qué ilusa era, soñaba que cuando estuviéramos en nuestra propia casita lo esperaría cada noche con un picardías, con ternura, para abrazarle y besarle. Casi no le veía. Se marchaba antes de las ocho y no volvía hasta las once de la noche. Para él no existía más que su trabajo. Cuando tuve mi segundo hijo nada cambió, su violencia iba en aumento. Hice mi primer intento de escapar del infierno en que se había transformado mi vida. Me marché a casa de mis padres, que ya estaban también en Madrid. A los cuatro días volví, mi suegro me convenció. ¿Qué otra cosa podía hacer, si sólo vivía para fregar, cuidar niños y poner la comida siempre dentro de las mismas paredes? Sin trabajo, sin dinero, con dos niños. Luego vendrían dos más.

Su hermano también pegaba a su mujer y mi suegro mandaba a comportarse a su mujer delante de quien fuera, si había dicho o hacía algo fuera de lugar, según su criterio.

Un día pensé en suicidarme. Me tomé diez pastillas y hasta me tomé el trabajo de echarle azúcar al agua para digerirlas mejor. El destino quiso que siguiera viviendo, todavía me faltaba por vivir lo peor.

Cuando quedé embarazada del segundo hijo, el médico le advirtió del peligro de tener otra cesárea. Yo no conocía la píldora y él nunca usó preservativos. No le importó nada. La tercera hija llegó a los quince meses del nacimiento anterior. A mí nunca me preguntaba si me apetecía hacerlo o no. «Acaba cuanto antes, por favor», le rogaba. Yo no disfruté del sexo, se me cortó el hervor apenas me casé. Allí estaba siempre dispuesta para cuando él decidiera tener sexo, aunque me hiciera daño. Mi padre intentaba ayudarme. «Hija, no le provoques, haz todo lo que te dice, evita discutir», fueron sus consejos. A todo decía que sí. No tenía ni idea de lo que había por el mundo.

Cumplí los cincuenta y un años y decidí separarme, ya era hora. Mis amigas me decían que iba de mejor a peor y eso lo valoré y pensé. Valía más la pena comerse un boquerón que una pescadilla y estar tranquila. No me dio la gana seguir soportando y tener que decir siempre que sí a todo. Llevábamos tres años de una imposible convivencia. Y siempre sola con los niños. Me daba dinero sólo para la comida, cada día más humillaciones. Estuve muchos meses durmiendo en el sofá, él no iba a dejar «su cama» por mí. Le pedí dinero para comprarme otra cama y se negó.

Cuando se lo digo, de una vez por todas, me dio un guantazo que me partió el labio. Me refugié en la casa de socorro y me aconsejaron que lo denunciava. Le dieron un tiempo para que se marchara. Con terror, regresé a casa a esperar que se fuera de una vez. Me amenazó, me advirtió de las consecuencias. Yo no sabía aún lo que se me venía encima. Como no tenía ni idea cuánto ganaba ni cuánto dinero había en la cuenta, mi abogada se presentó en el centro comercial para que le embargaran, por precaución, la nómina. Al mes siguiente dimitió de su trabajo para no pasarnos la pensión. Durante mucho tiempo tuve que pedir prestado dinero a mi familia para poder sobrevivir. Comencé a trabajar de asistenta cuando en mi vida sólo había limpiado mi casa. Fregué suelos de rodillas, planché, cociné y lo que hiciera falta. Un mes es muy largo para que puedan comer cuatro personas. Fueron años muy duros tratando de sacar adelante a mis hijos, que tuvieron que empezar a trabajar muy jóvenes. Ocho operaciones de rodillas y un dolor para siempre en los huesos me costó todo ese esfuerzo.

Mi ex marido murió de un aneurisma a los cuatro años de marcharse de casa. Y fui a visitarlo al hospital dos días antes de que falleciera.

Han pasado dieciocho años y mi sufrimiento no acabó con mi separación ni con la muerte del hombre que tanto me hizo sufrir. Mi hijo pequeño tiene hoy treinta años y hace doce que le diagnosticaron una enfermedad mental. Y vive conmigo. Sufro sus golpes y sus humillaciones cuando tiene alguna recaída. Hasta llegó a partirme la nariz. Aunque su psiquiatra me dice que no le haga caso, que está enfermo, no puedo evitar un dolor insoportable. Luego, cuando se recupera, me pide perdón y es un hijo adorable. No puede trabajar y ahora su enfermedad se agudizó por el alcohol. Ahora es mi mayor sufrimiento. No quiero hundirme. Y me hincho a llorar por la pena de mi hijo. Poco tiempo mejor y mal muchas veces, demasiadas veces...

Y vuelvo a salir a la calle con las gafas negras de sol.

El ruido de la llave en la cerradura
Eugenia Rico

Podéis llamarme Sara. Ése no es mi verdadero nombre.

Ni estos ojos enrojecidos son mis verdaderos ojos. Ni estas manos que tiemblan son mis manos. Las manos comenzaron a temblar hace más de veinte años. Cuando sonó el timbre de la puerta y salí a abrir. Era la policía. Mi marido estaba en la cárcel. Le habían cogido en el Retiro enseñando sus partes a las niñeras. Una de las niñeras resultó ser la del hijo de un pez gordo del Régimen. Yo estaba embarazada de ocho meses. Aquello fue el fin de mi matrimonio. Mi matrimonio duró veinte años más pero se acabó ese día. Entonces él todavía no me había maltratado. Y ¿sabe *usté?* De todos los maltratos que me dio ése fue el más duro. Porque yo creía en él.

Ése fue el día en el que aprendí a temer los pasos al otro lado de la puerta, el ruido del timbre o el de la cerradura. Cuando temes el timbre, temes algo de fuera. Cuando aprendes a temer el sonido de la llave que gira en la cerradura. Ese ruido que me ha aterrorizado durante años. Cuando temes el tintineo de las llaves es que el enemigo está en casa. Al oírlo se me ponía la piel de gallina, comenzaba a temblar porque no sabía cómo vendría, borracho o sereno, de buen humor o de un humor de perros. Sólo sabía que fuera lo que fuera, yo pagaría por ello. Siempre paga alguien y me tocaba siempre a mí.

¡Yo siempre he sido muy pava desde niña! ¿Está segura de que contarán mi historia? Porque mi historia nunca le ha interesado a nadie. Cogía tres autobuses para ir a casa de mis padres, siempre mirando por encima del hombro por si él se enteraba. Llegaba a casa de mis padres al otro lado de la ciudad. Y pensaba que les interesaría mi historia. Les contaba lo que me hacía mi marido y me decían que no se lo dijera a nadie. Que nadie tenía que saber la vergüenza que pasábamos. Que volviera a casa, que no tenía adónde ir con tres hijos y ellos no podían cargarse con una boca más. Mis amigas me decían que si tan malo era cómo es que habíamos tenido tres hijos. Como si lo de los hijos tuviera algo que ver o yo los hubiera tenido por gusto. Me dejó embarazada durante el puerperio. Yo hacía todo para ver si con eso le calmaba, pensaba que había algo malo en mí. Mis padres me decían que no le diera motivo. Que si no le daba motivo un día dejaría de maltratarme. Hasta que me di cuenta que lo malo no estaba en mí, estaba en él. Y que los malos tragos no iban a acabarse hasta que yo me fuera.

Durante años temía el ruido de la cerradura y ahora es peor, vivo con mi hijo esquizofrénico que me maltrata y temo el runrún de sus pasos en el pasillo de la casa. A un hijo no se le puede odiar. Haga lo que haga. Le pago los mejores médicos. Si necesito el dinero es para él, no para mí. Aguanté muchos años. No sé cómo tuve el valor de salir de aquello. En aquel entonces nadie hablaba de malos tratos. Se veía como algo normal. Yo había tenido peor suerte que mis amigas. Un poco peor, pero no para tanto. Las coplas cantaban al crimen pasional. «Mujer cruel» y «El preso número nueve». Era un héroe el que mataba a su mujer si le era infiel. El adulterio, aunque sólo el de la mujer, era un delito. El hombre podía hacer lo que quisiera. No podía imaginarme entonces que alguien me escucharía.

Llamadme Sara. Éste no es mi verdadero nombre. Mi verdadero nombre es el tuyo. Porque podría pasarte a ti. Si crees que alguna mujer está a salvo, por su cultura, por su belleza, por su inteligencia estás equivocada. Porque nada de lo que os he contado es lo peor de todo. Lo peor de todo es que me casé completamente enamorada. Y la persona que me hizo más daño fue la que más amé.

Dice Sara que éste no es su verdadero nombre y que la democracia le dio fuerzas para denunciar. Esperaba que se rieran de ella como sus padres, como sus amigas o como su suegra, que nunca le preguntaba porque no quería oír la respuesta. Eso era lo peor, que todos sabían y nadie quería saber. Denunció. Se puso a trabajar, ella que nunca había trabajado. Salió adelante. Y ahora lo del hijo. Que ha visto en casa a su padre maltratar a su madre y ahora la maltrata él. Y Sara está tan acostumbrada a sufrir. Empieza a preguntarse si ha hecho algo mal. Esa mujer con cara de buena, con manos rugosas de alguien que se ha ganado la vida con ellas, con sonrisa generosa. Todavía capaz de sonreír. Dice que me cuenta las cosas como si no le hubieran pasado a ella. Si las recordara de verdad, si recordara cómo llegaba a casa y tiraba al suelo la olla con la comida humeante y se quedaban todos sin comer. Si recordaba cómo le decía que no valía para nada. Si recordara así se encogería, se haría tan pequeña que no podría tenerse en pie. Y tiene que ponerse en pie para sostener a su hijo y que pueda seguir pegándola.

Dice que no es ella la que ha cambiado, que es el país el que ha cambiado. Se casó en un país en el que no se hablaba de malos tratos sino de «débito conyugal». No te metas. Decían los vecinos cuando alguien oía los gritos. «No te metas» era el lema de aquella época. Ella ya estaba metida.

Aguantó por sus hijos y le dejó cuando fueron mayores. No le cree capaz de matarla aunque quizás lo hubiera hecho si no tuviera tanto miedo a su hijo mayor. Su marido no supo vivir sin su víctima. Cuando se separó le rogó en vano para que volviera. Y murió poco después. El verdugo sin su víctima es como una máscara vacía. Se desmorona.

El verdugo de Sara pudo ser esquizofrénico como lo es su hijo. Alguien que disfruta destrozando una vida no puede estar bien de la cabeza. Cuando se habla del maltrato no se indaga lo suficiente en la salud mental de los maltratadores. No para exculparles sino para entenderles, para poder prevenir, si es que eso es posible.

El gran drama del maltrato es la prevención. Sara nos habla del gran cambio en las palabras, en la percepción. Sara no podía contárselo a nadie. Ni a su familia. Nadie quería oírlo. Y si lo escuchaban, la culpa era de la mujer. La víctima se siente culpable. La hacen culpable.

Dice Sara que su marido se jactaba ante los amigos de lo que le hacía. Ahora ningún hombre se jactaría en público de los malos tratos. Al menos en eso hemos avanzado. Hemos avanzado pero no es suficiente.

El único cambio posible es el cambio de mentalidad. No es crimen pasional. Es violencia criminal. No es posible decir «no te metas». Ya estás metido. Por el hecho de nacer hombre tienes que luchar contra la violencia machista. Por el hecho de nacer mujer no estás condenada a sufrirla. Lo terrible de los malos tratos es que te maltrata el hombre al que creías amar. Al que amabas. El hombre que dice que te quiere y te besa los cardenales. Y el peor maltrato es el psicológico. No puedes enseñar los cardenales. Porque tú eres el cardenal. Tú eres la secuela. Tu «yo» destruido. He visto cómo incluso ahora se desconfía de la mujer que es maltratada. He oído decir a gente de la que no me lo esperaba: «Es que a ellas en el fondo les gusta», «Lo han permitido».

Ignorando la espiral del maltrato. La pérdida de la autoestima. El progresivo aislamiento de tu entorno al que te somete el maltratador. Hasta que estás tan sola, que él es el único asidero y por ello tiene derecho a todo.

Siempre ha existido un maltrato tolerado por la sociedad, ése es el maltrato que sufrió Sara. Contra él, está el cambio de mentalidades. Un cambio que está en manos de las mujeres, que al fin y al cabo educan a los hijos y en las manos de los hombres: los que más salen perdiendo cuando otro hombre maltrata porque el que maltrata no es hombre.

Las cifras del maltrato aumentan cada día y los expertos no se ponen de acuerdo en si ahora son mayores o si, simplemente, salen más casos a la luz. Yo creo que se producen ambas cosas: el cambio de mentalidad hace posible que casos como el de Sara se denuncien precozmente. Y hay más malos tratos y sobre todo más muertes. Ahora las mujeres se van porque tienen adónde ir. Sara no tenía adónde ir. Y cuando se van, las matan. Hay más malos tratos porque algunos hombres educados en erróneos prejuicios machistas se encuentran perdidos ante el nuevo papel de la mujer. Esos hombres ceban sus frustraciones, sus problemas o sus enfermedades mentales en sus parejas. No pueden aceptar el nuevo rol de la mujer y por eso desentierran la coacción original. El uso de la fuerza que es el único recurso cuando no se tiene la fuerza de la razón.

No se sabe la función de la mujer en el Paleolítico. Se sabe que no es cierto que el hombre fuera a cazar y la mujer esperara en la cueva. Como siempre se inventa el pasado para explicar un presente. Parece más probable, a raíz de los últimos descubrimientos, que hombres y mujeres fueran juntos a recoger carroña porque más que de la caza nuestros antepasados fueron recolectores y carroñeros. Se cree que una mujer descubrió la agricultura al ver que el lugar donde molía las hierbas era el mismo donde crecían en primavera. La revolución neolítica trajo a la humanidad una prosperidad sin par. Poblados en los llanos sin murallas y mujeres en los enterramientos. Sepultadas con grandes honores. En aquel momento las mujeres eran importantes y reinaba la paz. Pronto llegó la Edad del Hierro. Los enterramientos en las colinas. Ya no hay mujeres, sólo guerreros y muchos cadáveres están atravesados por la espada. Las mujeres ya no mandan ni son importantes. Los poblados están amurallados. Es el tiempo de la guerra, de la coacción.

Ahora tenemos por delante otra revolución: la única revolución que triunfó en el siglo xx: la revolución silenciosa de la mujer. Una revolución que será un paso adelante para la Humanidad tan grande como la Revolución Neolítica y contra la que se alza como última frontera, la coacción. La Revolución de la Mujer no está siendo una revolución sin víctimas: caen cada día en el lugar más terrible: en su propia casa, en su propia cama. Pero algún día traerá un mundo mejor en el que los hombres y las mujeres no podrán ni siquiera concebir que hubo una época en la que se les engañó diciéndoles que eran enemigos.

Ana

ÁNGELES CASO

Ana

¿Por qué?

De repente me pregunto *por qué* tengo que contar esto. Pero si una empieza a preguntarse por qué hace todo lo que hace, si una se pregunta solamente ¿por qué?

Nadie va contando y explicando esto y lo otro y lo de más allá...

Me cuesta tanto hablar de esto...

Me han ayudado a ver que lo mejor es dejarse de pudores y contar porque, al fin y al cabo, nadie se avergüenza de respirar o ponerse los zapatos.

Son cosas que se hacen, y cuando pasa algo *raro*, cuando dentro del zapato encontramos una araña o al respirar se siente como un vidrio roto, entonces hay que contar lo que pasa.

Contarlo a los compañeros de trabajo, a tus seres más cercanos y queridos o al médico:

«¡Ay, doctor! Cada vez que respiro...».

Mejor contarlo, mejor quitarse esa cosquilla molesta del estómago.

En este momento me apetece gritar. ¡¡¡Chillar!!!

«Tengo que poner orden...».

Bajamos por una escalera de caracol y voy sola y sin darme cuenta de lo que voy perdiendo en cada escalón.

Me considero una persona a la que le cuesta hacer daño,

molestar con mi malestar, por eso empiezo a callar, a ocultar, a justificar. Pero llega un momento que la razón y la actuación no tienen sentido, ha perdido el equilibrio y te tienes que sujetar más fuerte a la barandilla de la escalera.

Dices que tienes corazón
y sólo lo dices porque sientes sus latidos,
eso no es corazón...
es una máquina que al compás que se mueve,
hace ruido.

Me sentía querida.

Dios, era una máquina, fuerte, siempre a punto y siempre a punto me proporcionaba una dosis de veneno que a mí me parecía miel, sosiego... De repente empieza el ruido, mucho ruido y me humillaba, me insultaba y otra dosis, pero esta vez de humillación.

Entonces eres culpable, te sientes culpable. ¿En qué he fallado? ¿Qué he hecho mal? Y la miel se la pongo yo en bandeja. Soy culpable, es normal.

SUEÑO que en un vacío voy cayendo.
GIRO y mi destino es un misterio.
SÉ que hay algo más y no logro descifrarlo.
VUELO entre las sombras y me pierdo.
CAIGO en otro sueño y me despierto de esta soledad y el camino
se hace largo.
ME EQUIVOQUÉ, mi cielo hoy tiene un tono un poco más gris.
DIME ¿por qué criticas lo que digo?
HABLA, ¿cuál es tu rollo conmigo?
NO SÉ que será lo que te molesta tanto.
MÍRAME, lo mismo te da.

¿Dónde voy con esta vergüenza?

Ya voy agarrada, aferrada con las dos manos a la barandilla y los escalones son tan pequeños.

Aparece el miedo.

Creo que me va a pasar algo.

No me atrevo a salir de casa.

No me había dado cuenta, pero no quiero y no puedo conducir el coche.

Me sobresalto por todo, un pequeño ruido, un cambio de luz y no puedo soportar alguien detrás de mí.

Porque me puede coger la mano y pinzar con sus dedos los míos, entre el pulgar y el índice, y duele.

Porque me coge la cara con su mano y por debajo de mis pómulos aprieta y sangro dentro de mi boca. Y duele.

Porque me empuja y me caigo y me arrastra del pelo. Y duele.

Y tanto y tanto y tanto y tanto y tanto.

Duele.

Quiero salir corriendo, no puedo, estoy paralizada.

No soy nadie, no me veo, no puedo mirarme.

No me he dado cuenta y me ha despojado de mi feminidad, de mi familia, de mis sentimientos y afecto, de mi música, de mi lectura. No puedo mirarme.

He llegado al final de la escalera y no veo, no huelo, no saboreo, no oigo y no toco nada.

Veo la cara de quitarme la vida.

Veo la cara de un asesino.

Casi lo consigue, pero no sé cómo estoy aquí. Después de no sé cuántos juicios tengo pánico a que salga. Sé lo que va a hacer.

Tengo un poquito de vida, me siento alguien. Ahora es al revés, voy subiendo la escalera de caracol. No voy sola, está mi familia y los profesionales tan maravillosos, y la gente tan estupenda que hay en el mundo.

Tengo que pensar qué hacer con mi vida y no pensar tanto dónde pongo los pies. Los escalones son más anchos, hay algunos muy altos, algunos he subido, otros me faltan por subir pero no será por empeño.

Soy yo y empiezo a verme como tal, y veo y huelo, y saboreo y toco y oigo:

Tú puedes.

Aquí estamos.

Te queremos.

Soy yo.

¡REVOLUCIÓN!
Va contra todo el que condena
mi conciencia y mi verdad.
¡REVOLUCIÓN!
Es una lucha sin fronteras
por ganar mi libertad.
Te equivocaste
mi cielo hoy tiene
un tono un poco más azul.
Me aferraré a mi voluntad.
Soy yo.

Dedicado a todas y cada una que, por el hecho de ser mujer, hayan dado con un hijo de puta.

Y a Marisa forever.

Ana y la dulzura
Ángeles Caso

Ana tiene una sonrisa preciosa. En realidad, toda ella es preciosa. Lo descubro nada más abrirle la puerta de mi casa. No sé por qué, ese hecho me sorprende. No son prejuicios, quiero estar segura de ello. Al fin y al cabo, conozco a alguna mujer muy guapa que ha sido maltratada. Quizás es que, por lo que me habían contado de ella, imaginaba que iba a encontrarme ante una persona deshecha, encogida y temblorosa. Una mujer pequeña y destrozada. Pero Ana es alta y fuerte, y preciosa. Y sonríe. Sonríe mucho, y no sólo con la boca, también con los ojos: tiene los ojos verdosos, grandes, extrañamente llenos de alegría y de inocencia. En realidad, lo que Ana transmite es que es un ser bondadoso, de esos que son capaces de ponerse siempre en la piel del otro, de sentir empatía hacia los demás y comprender sus defectos y perdonar sus errores, de arreglar los conflictos con buena voluntad y con las palabras adecuadas. Preciosa y buena.

Se lo digo. Creo que es una de las primeras cosas que le digo: «Eres muy guapa». Y, sin embargo, ella me confiesa que no se atreve a mirarse al espejo. Todo lo que le ha hecho su ex marido, todo el dolor físico y mental que le ha causado, la han llevado a tener miedo de su propia imagen. Quizás crea, como creía yo, que va a encontrarse en el espejo con alguien inexorablemente marcado por las cicatrices de ese dolor. Quizás se haya olvidado de que siempre fue una mujer a la que, sin duda alguna, los hombres miraron por la calle, por su aspecto y también por la dulzura que emana de ella. Pero ahora no es capaz de verse así. Sólo es una mujer herida casi hasta la muerte, aplastada por el hombre al que amó, maltratada hasta el intento de asesinato, convertida en cenizas. La animo a que se mire: «Tienes que hacerlo, le digo, tienes que volver a ponerte delante de ti misma y a sentirte orgullosa de lo que ves».

Fue él. Fue él quien estuvo a punto de quitarle el orgullo, la fortaleza, las ganas de vivir, la seguridad para andar por el mundo como un ser humano más, rodeado de peligros en los que habitualmente no pensamos o a los que nos enfrentamos a diario sabiendo que, casi con total seguridad, seremos capaces de superarlos. Ana no. Ana piensa que está siempre en riesgo. Se siente incapaz de defenderse. Incluso me pide que no utilice aquí su verdadero nombre. Se cree poca cosa. Tan poca cosa, que tiene que venir a mi casa acompañada por su terapeuta, porque el miedo la invade y le impide vivir como alguien normal, a pesar de que él está en la cárcel. Fue él quien trató de arrebatarle lo mejor de sí misma, la dignidad, la voluntad, la alegría. Incluso quiso quitarle la vida, el muy cerdo. Pero no lo ha conseguido. No. No pudo llevarse ni su vida, ni su dignidad, ni sus fuerzas para salir adelante.

Y también eso se lo digo a Ana una y otra vez: «Podrás con todo esto». Y estoy segura de ello, porque lo mejor de sí misma sigue latiendo en sus ojos y en su sonrisa. Ahí están llenas de energía todas las cosas hermosas que posee, tal vez empequeñecidas y borrosas, pero aún reales. Bastará mimarlas un poco, cuidarlas un poco y rodearlas de calidez para que vuelvan a resurgir del escondrijo en el que ahora se han ocultado y se estiren bajo la luz y se pongan en marcha de nuevo. Y Ana volverá a ser ANA en su totalidad.

Ahora está enfadada consigo misma. Eso creo. Enfadada porque ella era libre y rebelde, muy rebelde, y dejó que una fiera le tendiera una trampa sin darse cuenta. Tiene estudios superiores. Sí, Ana es culta, y se preparó para ser una mujer capaz de responsabilizarse de su propia vida. Le da vergüenza decirlo. Le pregunto por su formación, y a ella le cuesta reconocer que no era una de esas pobres esposas semianalfabetas, sin posibilidad de pensar por sí mismas y llamar maltratador al maltratador, sin recursos para ganarse la vida. Al fin lo admite: «Yo estudié una carrera. Tenía un trabajo precioso. Podía salir adelante sola. Y no supe hacerlo».

La entiendo. Conozco a otras mujeres inteligentes y bien formadas, algunas incluso con profesiones de mucho prestigio, que cayeron en manos de desalmados. Sé que les ha costado mucho perdonarse a sí mismas. Pero es preciso hacerlo. Es preciso comprender que el malvado utiliza tantos medios sacados de no se sabe qué misteriosos tratados infernales, que una inteligencia racional y generosa no puede nada contra ellos. Es preciso saber que no hay factores de riesgo, que no existe ningún perfil de mujer maltratada, que si corremos algún peligro, es por el mero hecho de ser mujeres. Puede parecer que quienes son tímidas y pasivas, quienes tienen tendencia a ser dependientes y someterse a los deseos del otro se convierten más fácilmente en víctimas. Sin embargo, no creo que las mujeres fuertes y activas estén libres del riesgo. Porque hay individuos a los que precisamente les encanta dominar a alguien así, una mujer dotada de su propio poder, al que se verá obligada a renunciar por completo, arrancándoselo del fondo del alma y depositándolo, como un sacrificio ritual, a los pies del Vencedor. El Gran Héroe. El-que-pudo-con-aquélla-con-la-que-no-podía-nadie. Al fin y al cabo, ¿no es todo un reto pisotear a quien a priori no se deja? ¿No es estimulante para el sádico, para el tirano enamorado de la tiranía, establecer toda una estrategia, enamorar y convencer y ganarse la confianza y luego humillar, aislar, aterrar a la amante, convertirla en la víctima inesperada?

Ana dio con un tipo así. Un cerdo asesino que captó toda la luz que emanaba de ella, toda su fortaleza y su poder —basado en la bondad y la generosidad, y no en el ansia de dominar a golpes—, y decidió acabar con ello, aplastarla, chupar como un vampiro su energía, hacer de ella un ser reptante y temeroso, desposeído de todos los dones de la vida, entregado a obedecerle. Él supo engañarla durante años, los casi cinco años que duró su noviazgo. Supo presentarse como un hombre encantador y cariñoso, del que una mujer podía fiarse, un hombre al que una mujer podía amar, junto al que podía hacer planes de futuro: comprometerse hasta el matrimonio, compartir un hogar con todas las grandes decisiones y los pequeños detalles cotidianos que eso implica, tener hijos y quererlos y educarlos, y también prepararse para envejecer juntos y esperar la muerte cogidos la una de la mano del otro...

Convertir una relación de amor en una relación de dependencia no es tan difícil. Es sin duda un proceso lento, pero no demasiado complicado, al menos si uno se aplica a ello con paciencia, frialdad y autocontrol. Basta con que el amado le facilite la vida al otro (a la otra), con que le haga creer que todo va mucho mejor cuando él está presente y toma las riendas de los asuntos, con adelantarse a sus deseos y necesidades. A poco que la amante se relaje, a poco que permita que su pareja empiece a tomar decisiones por ella, que le deje el campo abierto para que cubra todos los aspectos de la afectividad, fingiendo que hace a la vez el papel de padre y madre, de esposo e hijo, de marido y amigo, el camino hacia la dependencia está abierto. Luego, es suficiente con ir envenenando poco a poco las relaciones con los demás, ya saben, «a tu padre no le caigo bien, tus amigas hablan mal de ti a tus espaldas, tu prima intentó seducirme...». Suficiente con ir minando la confianza de la amante en sus seres queridos y en sí misma: «Estás equivocada, eres tonta, no te creas lo que te dice tu hermano, tú no entiendes de esto, yo lo resuelvo por ti...».

Es la estrategia del cazador acechando a la presa que confía entretanto en la transparencia del aire, en el canto tranquilo de los pájaros sobre los árboles, en el temblor calmado del agua que se dirige a beber y que resplandece allá abajo, al fondo del valle. La estrategia del canalla preparándolo todo para capturar a su amante, que confía en él y en el amor. Por encima de todo, en el amor.

¿Acaso no nos han dicho siempre que el amor es lo mejor del mundo? ¿Acaso no nos han repetido miles y miles de veces —nuestras madres, nuestras amigas, pero también los libros que hemos leído, las películas que hemos visto, las canciones que hemos escuchado— que la vida no está llena si no amamos, si no encontramos el hombre adecuado al que entregárselo todo, en quien depositar todas nuestras esperanzas y nuestros proyectos vitales, matrimonio, hijos, una vida plena compartida...? Y, cuando él llega, seduciendo, engañando (maldito flautista de Hamelín, maldita serpiente), la víctima le entrega ese amor total, cegador, del que tanto le han hablado, lo coloca vibrante entre sus manos, y no se da cuenta de nada mientras él levanta un muro a su alrededor, la separa de quienes la quieren bien, y luego la hace arrodillarse dentro de ese muro y agachar la cabeza ante él, golpear con la cabeza el suelo, adorándolo. A gritos, a golpes.

Un día empezó a insultar. Luego chilló. Después vinieron los primeros empujones, los bofetones, y aún después las palizas cada vez que ella hacía algo que a él no le gustaba. O no. O simplemente porque sí. Porque en ese momento le apetecía causarle daño, demostrarle que él era el más poderoso, que tenía toda la fuerza, que ella se había convertido en un trapo.

Un trapo. Ana —cualquier otra víctima— se había convertido ya en un trapo. Un ser al que le faltaban jirones del alma. La voluntad. La alegría. La autoestima. No valía para nada, no era nadie, pura basura pisoteada, pura cosa inmunda. (Su propia terapeuta, especializada en víctimas de violencia de género, asegura que es la mujer más arrasada psicológicamente de cuantas han llegado hasta ella. Terrible.) Pero Ana disimulaba. Escondía los moratones. Sonreía como si nada ocurriese. Y callaba. Callaba, atónita, incapaz de explicar lo que le estaba sucediendo. Incapaz incluso de decírselo a sí misma. Y es que ése es, me imagino, uno de los pasos más difíciles para una maltratada: entender que el hombre al que ama, el mismo que durante tanto tiempo le ha hecho creer que él también la amaba, no es más que un sádico de la peor especie y está haciéndole daño a propósito. ¿Cómo aceptar eso? ¿Cómo entenderlo además si tu padre —el prototipo masculino con el que has crecido— ha sido, como en el caso de Ana, un hombre bueno, fiable y cariñoso? ¿Cómo darte cuenta si para ti amar significa dar lo mejor de ti misma, esforzarte por hacer al amado feliz, por organizar para él un ámbito de ternura y comprensión y bienestar? ¿Cómo ponerle un nombre —maltratador, psicópata, sádico, asesino— si es la persona con la que has decidido compartir tu vida, a la que has elegido para ser el padre de tus hijos? ¿Hay alguien que crea que es tan fácil reconocer de verdad lo que está ocurriendo? No. Tu personalidad ha ido poco a poco disolviéndose entre sus manos. Y él te amaba, te ama. Eso crees. Buscas explicaciones: «Está nervioso, las cosas no le van bien en el trabajo, hoy ha visto a su madre y le ha vuelto a poner de mal humor...». Intentas ayudarle: «Necesita apoyo y cariño y comprensión. Yo se lo ofreceré». Pero él te va volviendo loca. Un día se cabrea porque el cenicero está en la parte derecha de la mesa. Entonces lo colocas a la izquierda, y de nuevo se cabrea porque está a la izquierda. Una tarde te monta un follón porque has vuelto a mencionar a tu querido ex novio, de cuyo recuerdo, según él, no logras desprenderte.

Entonces silencias su nombre durante días, y luego, al cabo de un par de semanas, te monta otro follón porque no has vuelto a hablar de él. Una noche te dice con enorme desprecio que estás engordando y te estás poniendo como una foca inmunda, y dos meses después te mira con cara de asco y te suelta que estás demasiado flaca. Un mediodía te pega un bofetón porque la comida no está buena, y al siguiente te lo vuelve a pegar porque no le prestas la suficiente atención cuando llega y te encuentra agitada en la cocina, aterrada por complacerle... Y luego, de repente, te quiere, te ama con un amor inmenso, te pide perdón, se arrodilla ante ti, te abraza, se acuesta contigo como si fueras la única mujer en el mundo... Y tú te sientes agradecida, y piensas —si es que aún puedes pensar— que él es tu amor, y que esos ratos de felicidad y ternura te compensan por los malos momentos. Y vuelves a excusarle, a justificarle, a intentar ayudarle. Pero poco a poco el miedo te va dominando. Necesitas usar toda tu energía para controlar ese miedo, para tratar de mantenerlo a él tranquilo. No te quedan fuerzas para nada más, ni siquiera para reflexionar sobre cómo te encuentras tú. Sólo rezas para que hoy esté bien, tiemblas cuando oyes su llave girando en la cerradura, cierras los ojos y musitas: «Dios mío, que venga de buen humor...». Y, por último, cuando tú ya has dejado de ser tú, acabas por culparte a ti misma: «Tiene razón. Soy tonta, soy torpe, no sé hacer nada, no le trato como se merece, y tal vez sea una exagerada, probablemente esto es lo normal, sí, sin duda alguna esto es lo normal...».

Ana vivió todo eso. Y está enfadada consigo misma por haberse dejado llevar hasta ahí, ella, una mujer libre y rebelde, con un trabajo precioso, con dos hijas maravillosas. Le digo que tiene que perdonarse, y que no es ella la que debe estar enfadada consigo misma, ni sentirse avergonzada. Él, tendría que ser él el que reaccionara así al darse cuenta de que es un monstruo. Probablemente no lo hará, por supuesto, pero tendría que ser él el que no pudiera mirarse al espejo, el que tuviera que salir a la calle acompañado por un terapeuta, muerto de miedo de sí mismo y de vergüenza por su vileza.

¿Por qué razón ellos no suelen avergonzarse de sí mismos? ¿Quién les ha metido en la cabeza que una mujer —nada más y nada menos que una mujer— es alguien a dominar, a controlar, a someter? ¿De dónde han sacado que la relación de pareja es una relación de poder y que ese poder se obtiene mediante la agresividad y la fuerza física? Ideas anormales que sin embargo han prendido en millones de hombres a lo largo de la historia: controlar el cuerpo y la mente de la mujer a gritos y puñetazos, convertirla en la esclava o, aún peor, en un mero objeto que tan sólo obedece y gime. Ideas que han sido apoyadas durante siglos y siglos por los teólogos y los filósofos, por los moralistas y los juristas, por todos los que han tenido miedo de la potestad para procrear de las mujeres: somos nosotras las que tenemos la capacidad de traer hijos al mundo y podemos por ello engañarlos, endilgarles a los machos de nuestra especie criaturas que tal vez no sean auténtica sangre de su sangre, dignos herederos de sus muchas o pocas posesiones y merecedores de sus desvelos por criarlos. Todos esos muertos-de-miedo, todos esos cobardes han reaccionado frente a su propio pavor ante esa superioridad natural recurriendo a la violencia para mantener el cuerpo libre y peligroso de la mujer bajo control. El cuerpo y el alma de las nocivas hijas de Eva.

Hay quien cree que ha pasado mucho tiempo de todo eso. Y debería ser cierto. Han transcurrido miles de años desde que Aristóteles dijera en el siglo IV a. C.: «Debemos considerar la condición femenina como si fuera una deformidad, si bien se trata de una deformidad natural». Desde que santo Tomás de Aquino afirmara en el siglo XIII que «el hombre es el principio y el fin de la mujer, así como Dios es el principio y el fin de toda criatura», y Fray Luis de León en el siglo XVI: «La mujer es más deleznable que ningún otro animal». Mucho tiempo incluso desde que Nietzsche escribiera en el siglo XIX: «superficie es el ánima de la mujer, una móvil piel tempestuosa sobre aguas no profundas», o Freud a principios del siglo XX estableciera que «la idea de arrojar a la mujer a la lucha por la existencia tal como la afronta el hombre es realmente una idea que nació muerta».

Ha pasado mucho tiempo desde que semejantes ideas envenenadas fueran apoyadas públicamente por la mayor parte de los hombres más sabios (?) que ha conocido la Humanidad. Las mujeres hemos demostrado de sobra nuestra inteligencia, nuestra valía, nuestra capacidad para hacer el bien, nuestra independencia. Y, sin embargo, la violencia crece y crece, y el número de asesinadas no hace más que aumentar. Estoy segura de que la causa —y qué duro resulta tener que buscarle la causa a tanta sinrazón— estriba precisamente en nuestra libertad: a medida que nosotras nos rebelamos, a medida que nos reconocemos como víctimas sin justificación moral posible y buscamos nuestro propio espacio al margen de sus gritos y de sus golpes, ellos se enrabietan, se encabritan, se vuelven más y más agresivos.

Cuando una mujer acepta y se somete —como ocurría casi siempre en el pasado y sigue ocurriendo demasiado a menudo ahora—, bastan algunos golpes bien dados. Pero si una mujer reconoce su propia dignidad y se niega a la dominación y hace frente a su maltratador o, simplemente, lo abandona, la rabia por no lograr el objetivo, la indignación por no haber sido capaz de instaurar toda su tiranía, lo empuja al máximo de la violencia.

Eso le ocurrió a Ana: once cuchilladas cuando comenzó a recuperar la conciencia de sí misma y le denunció y quiso separarse y se negó a cumplir con sus exigencias. Once golpes de muerte con sus niñas arrebujadas entre los brazos, intentando protegerla y protegerse a la vez del asesino: la negación de cualquier posibilidad de autonomía, de respiro, de vida al margen de la de él, su pretendido dueño y señor.

Ana sobrevivió. Fue un milagro. Pocas mujeres que hayan pasado por una situación parecida pueden contarlo. Pero, por una vez, la historia fue justa: él fracasó. No logró arrebatarle la vida. Herirla, sí. Dejarla arrasada, como dice su terapeuta. Muerta de miedo. Pero llena de ganas de superarlo todo. En medio de la catástrofe, Ana ha tenido suerte, y es consciente de ello. No solamente porque está viva. También porque cuenta con muchos apoyos. Tiene a su madre, que tomó las riendas del asunto en cuanto lo supo. A sus hermanas y su hermano, que están a su lado. A sus amigas del alma, que supieron entenderla y nunca la dejaron sola. Tiene a su terapeuta, cuya mano firme está siendo fundamental para su recuperación. A las otras mujeres que forman con ella el grupo de víctimas junto a las que poco a poco se va curando de todo el mal. Y a sus niñas maravillosas, un motor imprescindible para salir adelante.

También tiene este libro, y eso es muy importante, y ella lo sabe. Le ha costado mucho hablar. Pero lo ha hecho: por primera vez desde hace tres años, durante nuestro encuentro, ha sido capaz de contarlo todo, ordenadamente, con coherencia. No le ha hecho falta insultar ni mostrarse enfadada: es demasiado dulce para eso, y aquel salvaje no logró arrebatarle la dulzura. Tampoco la dulzura. No le ha llamado nunca por su nombre, simplemente «él», o «ése» cuando quiere ser despectiva. Porque nombrar a una persona significa humanizarla, y él no se merece ser humanizado. Ha llorado mucho. Mejor dicho, hemos llorado mucho, ella, su terapeuta, Silvia (la editora de este libro) y yo. Pero también se ha reído. También hemos hablado de cosas agradables: de su curación, de sus niñas y su familia, del futuro. Ha acariciado sin parar a mi perra, que se pegó a ella desde el primer momento, como si intuyera que era una persona especialmente dotada para dar cariño. Y eso es lo extraordinario de Ana: que todo lo que ha pasado no la ha convertido en una amargada, que sigue manteniendo palpitante la bondad, la alegría, la inocencia, la fortaleza, un asombroso equilibrio interior que, aunque tal vez a ella le resulte difícil de creer, está agarrado al fondo de sí misma y que, más pronto o más tarde, podrá con todo lo demás.

De momento, ha sido capaz de explicar su historia. Y sabe que eso es bueno para ella, porque la ayudará a entenderse a sí misma y a perdonarse, pero sabe además que es bueno para los demás, para las demás. Que si algún sentido puede tener el haber atravesado semejante infierno, sólo lo encontrará ayudando a través de sus palabras y de su ejemplo a otras mujeres en situaciones parecidas. Ha sido valiente. Es valiente, muy valiente. Por eso creo en ella y en su futuro. Por eso me siento orgullosa de haberla conocido y de que haya compartido conmigo tanto dolor y tanta bondad. Gracias, Ana.

El hijo de Mari Carmen

ROSA REGÀS

El hijo de Mari Carmen
Alejandro Gómez Uriol

Hace treinta y ocho años que persigo un sentimiento, toda mi existencia pretendiendo saber quién soy, con relación a los demás y a mí mismo, buscando el sitio en mi propia vida. No es fácil. Siempre he admitido que tuve una infancia feliz, quizás porque apenas guardo recuerdos de ella más allá de los prestados, aquellos que me han ido contando otras personas y de los que me he apropiado como si en realidad fueran míos. Los llevo siempre conmigo como el niño que guarda con celo su canica de la suerte, la que nunca se jugaría en una partida. Mi infancia fue feliz, aunque a muchos mis palabras les parecerán una contradicción al conocer la historia que llevo a mis espaldas. Y digo bien, la llevo sobre mis hombros aun cuando en ocasiones la carga es tremendamente pesada, dolorosa, injusta.

Soy el hijo de Mari Carmen. Quiero presentarme así en honor a ella, porque además de darme la vida me ha acompañado siempre; quiero creer que me ha visto crecer, que ha sonreído al verme feliz, que me ha arropado en los momentos difíciles. Mi abuela me dijo en una ocasión que nada malo podía pasarme porque ella me protegía, es bonito pensar que es así, me ayuda a no sentirme nunca solo. A mí me gusta más pensar en ella como una estrella que brilla sempiterna aunque en ocasiones no se la vea, eternamente en el cielo velando por mí y guiando mi corazón.

Hace treinta y seis años, yo ni siquiera había cumplido dos, me la arrebató mi padre, ésta es la última vez que le llamaré así. Tres disparos a bocajarro, tres, que he replicado en mi cerebro en multitud de ocasiones a pesar de no haber estado presente cuando sucedió. Yo no lo supe hasta cumplir dieciocho de boca de mi tío Alberto, que tras una fatigosa deliberación familiar en la que se acordó que había llegado el momento, me lo contó en el «cuarto de la música» de la casa en la que vivíamos. Ésa fue la primera vez que los escuché, pum pum pum, tres, estallando en mi mente y dejando a su paso un eco de dolor, frustración, rencor, un sabor acre en mi boca; de repente la habitación se hizo enorme y al instante se cerraba sobre mí.

Recuerdo que me sentí mareado, incluso me sobrevinieron náuseas, sentí frío, sentí calor, ahogo, se me durmieron las manos... pero no lloré. Nunca he llegado a entender por qué no lo hice pero desde ese día, ahora veinte años atrás, mis ojos apenas han dejado escapar una docena de lágrimas.

Mari Carmen y P., su asesino, se conocieron en Madrid y comenzaron a salir juntos. Eran muy diferentes en su forma de ser, quizás por eso congeniaron bien, porque los polos opuestos se atraen. O quizás por la fuerte personalidad de ambos. Mi madre tenía una vitalidad inagotable, eso me dicen a menudo, y todos la guardan sonriente en sus memorias. Sus cinco hermanos la recuerdan como una extensión de mi abuela, con el mismo temperamento pero algo más de ternura, preocupada siempre porque todos los que la rodeaban se sintieran bien. Estaba estudiando Farmacia y pertenecía a una familia pudiente que residía en Madrid, aunque sus orígenes eran aragoneses. P. también provenía de provincias, de una familia acomodada y hecha a sí misma que también residía en Madrid.

Era policía, guardia civil, de la secreta o militar, no lo sé, de carácter avasallador, extremadamente machista, muy absorbente e implacable en sus creencias morales y convicciones. Orgulloso y con una referencia de lo correcto heredada de su padre, mi abuelo, que permitía poco margen a otras interpretaciones ajenas a las suyas. Siempre ha sido un gran embaucador; hasta que decidí que nuestras historias irían por caminos diferentes. Lo demostró conmigo y con otros, y cuando no lograba sus intenciones por esta vía aplicaba una táctica de acoso y derribo difícil de repeler.

El noviazgo no duró demasiado, mi madre quedó embarazada y por el contexto social de aquella época la única salida «digna» era casarse. Imagino que todo debió de ser muy rápido, sin apenas tiempo para reflexionar sobre si existía verdadero amor o era sólo atracción, supongo que entre tanto hubo también imposiciones. Alcanzo a imaginar también las circunstancias bajo las que actuó P., afirmando con suficiencia en el momento de concebirme que estaba todo controlado, y confirmando con energía más tarde que, como causante del embarazo, se haría responsable de sus actos. Honor y orgullo, ésas eran sus motivaciones. En realidad nunca ejerció esa responsabilidad, y por descontado que no lo hizo por amor, sino por una obligación moral autoexigida cuyo resultado final estaba evidentemente abocado al fracaso.

Mis abuelos, a los que desde el principio no les hacía ninguna gracia esa relación, les facilitaron una casa, que nunca fue hogar, y todo lo necesario para la manutención suya y mía. Nunca faltó de nada, económicamente sus padres se lo podían permitir y estoy convencido que eso hizo que en P. brotara un sentimiento de inferioridad hacia mi madre; mala combinación la de querer dominar y sentirte menos que la otra persona, a menudo hace aparecer el rencor y el resentimiento. Nunca faltó comida, ropa, dinero o juguetes, nada se podía echar en falta excepto el amor y respeto que se debe profesar una familia.

Desde el primer día de convivencia juntos P. mostró sus cartas, agresividad irracional, imposición de sus ideas, exigencia de sumisión... muy pronto comenzó a imponer el miedo a mi madre a través de la violencia psicológica, con amenazas veladas y directas. Nunca he llegado a saber si, además, hubo agresiones físicas, aunque las heridas que más duelen solemos llevarlas por dentro. Por supuesto el miedo de mi madre no era únicamente por ella, también por mí y por sus seres queridos. Como todos los agresores de esta índole, lo peor es que nunca sabes cuándo va a estallar la ira, eso te hace estar atemorizado todo el tiempo. En varias ocasiones llegó a echar de «su» casa a hermanos o primos de mi madre por motivos fútiles, bastaba un gesto que él interpretara mal, un comentario, o sencillamente si había tenido un mal día. En una ocasión montó en cólera, echó a mi tía y por entonces su novio durante una cena con tal escándalo que desperté azorado y comencé a llorar. Al cabo de un rato sin que mi madre lograra tranquilizarme, concluyó P. que la mejor manera para hacerme callar era seguir gritándonos hasta que en un gesto de impotencia y terrible cobardía amenazó a mi madre con dejarnos en la calle. Para reforzar sus palabras, y como muestra de que no hablaba en broma, arrojó por la ventana el biberón que ella trataba de darme. Es posible que pretendiera que su hijo de un año se comportara como Dios manda, o mejor dicho, como él mandaba.

El matrimonio tan sólo duró un año y medio, el tiempo suficiente para que Mari Carmen se hartara de malvivir emocionalmente con un ser cuya única manera de eludir sus frustraciones era observar el temor de los que le rodeaban reflejado en sus rostros. A veces pienso que las suyas eran reacciones de impotencia al no verse capaz de convencer desde el diálogo, por lo que sólo le quedaba imponer su voluntad a través de la intimidación; siempre he creído que sentía satisfacción al hacerlo. Muchos de sus razonamientos eran necios y caducos, como la obediencia al esposo como necesaria virtud en una mujer. Él la obligó a dejar sus estudios, porque una esposa diligente tiene su lugar en la casa, cuidando de su marido y los niños, no buscándose la vida como una cualquiera necesitada.

Día a día la ilusión de Mari Carmen se desvanecía, trataba de mantener la esperanza fingiendo que todo cambiaría y sacando fuerzas hasta del mismo aire que respiraba. Durante todo este periodo se refugió principalmente en su hermano Pepe, al que confiaba todos sus temores, todas sus desgracias, y al que hizo jurar que nada de lo que compartía con él llegaría jamás a conocimiento de sus padres. Incluso en los momentos más fatigosos mantuvo la lucidez de pensar en el bienestar de los demás, aunque eso supusiera una carga extra para ella. Fueron varias las veces que tuvo que salir a toda prisa de su casa, unas por precaución, otras por desesperación y muchas porque el hombre que prometió cuidarla ante Dios la echaba de allí con el hijo de ambos entre los brazos. En realidad todo el sufrimiento que padeció no hizo sino reforzar su valentía, admirable no sólo por lo que estaba viviendo, también por lo que tendría que soportar en lo sucesivo, y hasta el mismo día de su muerte.

El día que le abandonó se abrió un nuevo capítulo, uno en el que hay que sumar el despecho a la retahíla de virtudes de P. Honor y orgullo de nuevo, pero esta vez heridos. No alcanzó a comprender, mucho menos a aceptar, los motivos que llevaron a su mujer a marcharse definitivamente, ni las otras veces que lo había hecho anteriormente. No era consciente de que él provocaba las situaciones de tensión, él gritaba, él golpeaba, él humillaba, él arrojaba a la calle, él despreciaba. Sólo él fue el responsable.

Mari Carmen trató de volver a su vida anterior, retomó sus estudios de Farmacia en la universidad, acudía a clase cada día y regresaba rápido a casa para estar conmigo. Viajaba a menudo al pueblo, donde se reencontró con todos los amigos con los que apenas había mantenido contacto durante su matrimonio, volvió a salir, a divertirse, a sonreír. Al poco de separarse solicitó el divorcio, eso le hizo sentir aliviada, se trataba de una formalidad que daba legalidad a su libertad. Sin embargo para P. fue un agravio y un desplante imperdonable. Al principio la seguía desde que salía de casa para acudir a clase, esperaba pacientemente a que tuviera un descanso y la abordaba entonces para razonar con ella y pedirle que volviera a su lado, siempre encontró rechazo. Eso endureció su postura, siguió haciendo lo mismo pero ya no intentaba razonar, ahora exigía, incluso con las mismas formas que la habían alejado de él. Cuando Mari Carmen le aseguró que jamás volvería y amenazó con denunciarle, P. enloqueció. Se plantaba delante de la casa de mis abuelos durante horas, a veces acompañado por su padre, perfectamente visible para atemorizar a mi madre.

Unas Navidades cruzó su coche en la puerta del garaje para intentar impedir que saliera de viaje al pueblo a celebrar las fiestas. Mi tío Pepe, que conducía, logró esquivarle, pero él les siguió los doscientos cincuenta kilómetros; yo iba dentro del coche. Una vez allí, permaneció toda la noche con el coche aparcado en la puerta para que mi madre supiera que no se libraría de él. Durante meses la siguió, la espió, la acosó, le hizo sentir que ella habría salido de su vida, pero él de la suya no. P. no logró su objetivo, así que el 24 de marzo de 1972 fue tras ella hasta la casa de unas compañeras de estudios, esperó a que saliera y le pegó tres tiros en las escaleras. Pum, pum, pum, tres. Guardó su arma, acudió a una comisaría y se entregó. Eso es todo.

A partir de ese momento se truncaron nuestras vidas, pero no acabó ni mucho menos la pesadilla. Durante el juicio argumentó celos, echó mierda sobre la memoria de mi madre con comentarios despectivos, dijo que se veía con otros y que eso le cegó. Aunque hubiera sido así, nada justifica arrebatar una vida a una persona y a las que estamos cerca de ella. Su abogado alegó esquizofrenia o locura transitoria o algo similar. Mentiras, la única verdad es que jamás ha demostrado arrepentimiento por las cosas que hizo. Mis abuelos tuvieron que escuchar cosas que unos padres nunca deberían escuchar, supieron entonces la magnitud del sufrimiento de mi madre. Tengo en mi poder el sumario del juicio, que sólo he sido capaz de leer una vez, fue suficiente y fue sólo después de varios años de terapia.

Le condenaron a no sé cuantos años de prisión, da igual porque ya nadie iba a devolver a Mari Carmen a la vida, y da igual porque con la democracia se decretó una amnistía para presos políticos de la que sorprendentemente se benefició. Sólo cuatro años de cárcel a cambio de que yo quedara huérfano para siempre, mal negocio. Siempre he pensado que el motivo de todo fue un exagerado sentimiento de posesión de P. No pudo soportar que le arrebataran algo que era de su propiedad, eso quemó su orgullo y tomó venganza. Y sólo eso puede explicar los acontecimientos que siguieron, porque lejos de pararse ahí, siguió haciendo sangre a mi familia y a mí mismo. Lo primero que hizo al salir de la cárcel fue raptarme; acudió a mi colegio, me recogió y me llevó a casa de sus padres.

Nunca olvidaré el día que bajaba las escaleras del nuevo colegio para ir a casa, era jueves. Entre la multitud observé a una pareja que esperaba a algún niño y sus caras me parecieron familiares. Por algún motivo que desconozco pasé junto a ellos sin mirarles a la cara, pero una voz me llamó y sin levantar la cabeza me abracé a ellos sollozando y gritando ¡abuela, abuelo! Me llevaron a su casa, mi casa, donde me recibieron con una fiesta todos mis tíos, mis primos, mis amigos. No recuerdo nada del año que estuve sin verles, pero sí que nunca antes de ese día me había sentido tan feliz. Ni tan desgraciado como cuando a las diez de la noche subió el portero a recogerme para devolverme a la otra casa. Me agarré del cuello de mi abuela llorando, no quería marchar y fue tras un terrible forcejeo que me soltaron. Con el tiempo me enteré de que ese año había estado repleto de juicios, mis abuelos trataron de conseguir la nulidad del matrimonio sin éxito y el resultado final fue que un juez otorgó mi patria potestad a P. Que me lo expliquen.

Los años que siguieron se basaron en un régimen de visitas a mis abuelos, todos los jueves, un fin de semana sin otro y un mes durante las vacaciones de verano. Ir y venir de una casa a otra sin asentarme emocionalmente en ninguna. Quizás por eso guardo con exactitud en mi memoria cada rincón de todas ellas, porque necesito sentir una conexión con las casas a falta de los recuerdos con sus habitantes. De normal vivía con mi abuelo paterno hasta que falleció con cuarenta y cinco años, mi abuela lo hizo algunos años antes. Siempre he creído que murieron de pena, porque no es edad para morir de un infarto si no tienes un corazón ajado por el dolor de saber que tu hijo es un asesino.

P. se volvió a casar en dos ocasiones, incluso tuvo un hijo, pero esos matrimonios tampoco duraron más de dos o tres años. He vivido en casa de mis abuelos maternos, de los paternos, de mis tías y he vivido en casa de P. Trasiego de emociones hasta que con catorce años mis abuelos maternos, después de arruinarse, me propusieron ir a vivir definitivamente al pueblo con ellos. Era una edad demasiado temprana para ese tipo de decisiones, pero decir que sí fue la más acertada que tomé en muchos años. Por fin encontré mi verdadero hogar, aunque realmente nunca dejó de serlo, sólo que no lo supe hasta mucho después.

En todo este tiempo nadie dijo una palabra de lo sucedido. No entendía por qué estaban peleadas las familias, por qué no podía nombrar a P. en la otra casa, pero necesitaba explicaciones que nadie me daba y no me atrevía a preguntar. En mi cabeza se formó una historia paralela que explicaba todo, todo encajaba, era una fantasía con pies y cabeza que al menos me permitió no volverme loco. A mis abuelos comencé a llamarlos papá y mamá, por lo que mis tíos se convirtieron en hermanos; no es descabellado porque se comportaban como tales. Mi madre había muerto en un accidente, aparentemente, del que tuvo la culpa P. y por eso no se hablaban. Lo complicado y que aún hoy me sorprende era cómo desde muy pequeño fui capaz de llamar papá a P. un jueves por la mañana, por la tarde llamar papá y mamá a mis abuelos e incluso hablarles de mi tío P. y volver a llamarle papá al retornar a la otra casa. Nadie me dijo que lo hiciera, nació de mí.

En mi casa no se hablaba de mi madre, lo que considero un grave error, aunque también entiendo las circunstancias. Esto hizo que jamás se terminara el duelo. Mi abuela se enterró en vida junto a su hija, sentía el dolor de la pérdida cada día, no volvió a sonreír hasta que el Alzheimer le permitió olvidar. En la familia de mi madre nunca se hablaba, nos ha costado muchos años recuperar un diálogo que nunca debió desaparecer. Y se decidió que yo no debía conocer los hechos hasta que fuera mayor de edad, supongo que para protegerme y que mi vida transcurriera dentro de la normalidad. ¿Normalidad? No les reprocho nada pero ésa no es la palabra que resume mi vida, ni la suya. Cuando mi hermano Alberto se sentó ante mí para contarme todo, con dieciocho años recién cumplidos, todo mi mundo se desmoronó y se construyó uno diferente en una décima de segundo. Como si todo el puzzle de mi vida creado por mi imaginación se deshiciera y se volviera a formar con las mismas piezas pero puestas en otro lugar. Sentí un grandísimo peso clavándose en mi espalda que todavía no he conseguido quitarme del todo, a pesar de los años de terapia.

Una circunstancia que agrava aún más el dolor es que tuve que convivir con P. durante muchos años sin saber absolutamente nada, de ahí los sentimientos encontrados que me han hecho tambalear tantas veces. En realidad nunca le he profesado cariño, mucho menos amor; pero tampoco he sido capaz de sentir odio. Lo único que tengo claro de mi trato con él es que nunca he sentido miedo, incluso estando frente a él después de conocer ya toda la verdad. Creo que todo el miedo que él podía provocar se lo llevó mi madre a la tumba, liberándome a mí de ese sentimiento. He sufrido su ira, su intimidación, la sensación de ser su hijo sólo cuando a él le venía bien, e incluso ha llegado a echarme de su casa en alguna ocasión. Me he sentido prostituido cuando tras romper la relación con él por primera vez me vi obligado a volver y ejercer de hijo para que me pagara unos estudios que mis padres no podían pagarme. El hecho de mantener este contacto me ha servido para conocerle en profundidad y llegar a la conclusión de que si aguanté tantos desplantes, retos o amenazas, todavía antes de conocer los hechos, fue por un extraño sentimiento de pertenencia, muy fomentado por él mismo. De no haber existido un nexo biológico entre ambos, jamás hubiera estado tanto tiempo tan cerca de él, es el tipo de personas que desprecio, que me caen mal, y no lo afirmo después de saber lo que hizo, sino que este pensamiento anidó en mí muchos años antes.

Llevo muchos años sin ver a P., aparte de algún encuentro esporádico e inevitable en un tanatorio. Hace mucho tiempo que mis tías dejaron de hablarme de él, saben que no las escucho cuando lo hacen. Sería infructuoso tratar de convencerme a mí mismo de que no existe, pero he logrado que se convierta en una sombra. Conseguí romper el lazo emocional que me atormentaba hasta el punto de sentir dolor físico, ahora dependo de mí, ya no huyo. Él me arrojó de su vida el 24 de marzo de 1972, aunque yo no fui consciente hasta hace unos años. Quizás en algún momento de su vida ha supuesto que obró correctamente, siendo fiel a lo que le dictó su conciencia. Quizás también trató de ser alguien respetable, de destacar por su valía en el trabajo, en hacer cumplir la ley. Quizás trató de ser un ejemplo para su hijo comportándose de la misma forma que con Mari Carmen. Quizás su excusa es que todo lo hizo por mí, porque no iba a permitir que nadie me alejara de él, aunque muchas veces lo hizo él mismo, pero eso demuestra que aun así pensaba en él, no en mí. Quizás piensa que él es especial, pero sólo es un asesino más, con las conductas y los síntomas de todos los maltratadores, las mismas excusas vacías, los mismos actos despreciables. Sólo es un hijo de puta que me arrebató a la persona que más hubiera querido en mi vida.

Lo peor de todo no son los ataques de ansiedad o dolores de estómago que he sufrido durante años. Lo peor es la absoluta ausencia del recuerdo de mi madre, su asesino le quebró la vida pero también cercenó la mía, y la de mi familia. De un plumazo me arrebató cualquier posibilidad de conocerla, de echarla de menos a través de recuerdos propios, de percibir su olor, de disfrutar su sonrisa. No puedo guardar sus besos porque desde bien pequeño no los tuve, ni sus abrazos, y tampoco conozco el color de sus ojos. Los únicos besos que he podido regalarle han sido al frío del cristal de sus fotografías o al mármol de su lápida. Con su retrato delante de mí trato de imaginarme todas esas emociones que él me robó, y con el paso de los años me he creado una imagen idílica, perfecta, en la que nada falla porque es ella, es mi madre, la que nunca conocí.

Hoy vivo feliz con mi mujer y mi hijo, sin ella no hubiera logrado alcanzar la estabilidad, sin él no sería nadie. Trato de reconstruir mi pasado poco a poco, ahora estoy preparado para hacerlo. También trato de recuperar la memoria de mi madre, he reunido el valor que nunca tuve para preguntar a mis hermanos, para que me cuenten cómo era, qué le gustaba, cómo se divertía. Para saber lo que me perdí. No tengo ninguna intención de que mi pequeño conozca a P. hasta que lo elija él mismo, y si eso ocurre respetaré su decisión. No sé qué tal padre seré, imagino que nadie lo sabe hasta que siendo anciano hace balance, pero tengo claro que me quitaría la vida antes de hacerle sufrir.

Carta a Mari Carmen
Rosa Regàs

Me es difícil dirigirme a ti, querida Mari Carmen, que dejaste este mundo hace treinta y seis años para refugiarte en la memoria de los que te amaron y que sólo podrás oírme si tu rostro representa, aunque sea en mi imaginario íntimo y particular, al de todas las mujeres que han sufrido malos tratos y todas las que han muerto desde entonces a manos de sus parejas, sus novios, sus maridos o sus amantes.

Tu muerte ocurrió en 1972, y hasta hoy han muerto más de dos mil mujeres en este país y muchos miles más en los países del planeta, todas por las mismas razones por las que tú fuiste asesinada, por hacer lo que creías que tenías que hacer, que no coincidía con lo que el hombre que te mató quería que hicieras. En tu caso dejar de vivir con él, abandonarle. Sí, ya sé que en tus tiempos una mujer apenas tenía personalidad familiar y mucho menos jurídica y que se la asesinaba por motivos incluso menos importantes que abandonar el hogar, pero si vivieras hoy te darías cuenta de que a pesar de haber conseguido tantos derechos que nos hacen presumir a nosotras y sobre todo a ellos de que hemos alcanzado la igualdad personal, social y familiar, y por lo tanto de tener las mismas oportunidades, comportamientos, responsabilidades y culpas que ellos tienen, siguen muriendo mujeres ejecutadas como tú a tiros, o a puñaladas, incendiadas, torturadas o simplemente a golpes, porque quienes tienen la facultad de proponer y aprobar leyes que nos defiendan de agresiones tan arraigadas como las que se refieren en los hombres al sentido de la posesión de las mujeres con las que convivieron o conviven, no parecen darse cuenta, que evitar los asesinatos no sólo depende de que podamos disfrutar de nuestros derechos sino de que se controle y evite el incivil comportamiento de los que son o fueron nuestras parejas, que pese a todo siguen convencidos de que su superioridad se mide por la tenencia sexual y social de las mujeres que han elegido.

La justicia que hemos alcanzado, las asociaciones que trabajan para protegernos e incluso nosotras mismas, nos ocupamos más de subsanar esta falta de protección que de defender que tan necesaria como ella es la vigilancia del comportamiento de los posibles asesinos, lo cual exige el diagnóstico de su brutalidad y también de su origen tal vez oculto en los repliegues de su propia conciencia y de su propia historia o transmitido por las creencias religiosas y morales del medio en el que han crecido.

¿O habrá que reconocer que tales comportamientos son genéticos, de modo que igualmente requerirán un tratamiento médico adecuado?

Mi querida Mari Carmen, tú no puedes saber qué ocurrió después de que tu asesino, el hombre con el que te habías casado, con el que habías tenido un hijo y del que te habías separado, te esperó a la salida de la casa de una amiga y te descerrajó tres tiros en el cuerpo sin que mediara palabra entre los dos. Tal vez él tuvo por un momento la misma convicción que tú habías tenido durante mucho tiempo de que ya os lo habíais dicho todo lo que había que decir y de que sobraban las palabras. O tal vez fueron el odio y el orgullo herido que lo torturaban a todas horas, los que le ayudaron a comprender que ningún argumento podía servir para convencerla de que volvieras con él, que de ningún modo iba a recuperar a la mujer que según había aprendido de su familia, de su padre, de la sociedad en la que había vivido, era un objeto de su propiedad, le gustaran o no le gustaran sus modos y maneras, y por esto te disparó sin decir una sola palabra. Era policía, o guardia civil, tu hijo, aquel niño que entonces tenía dos años, no lo sabe a ciencia cierta, el caso es que fuera lo uno o lo otro, se fue a la comisaría y se entregó. Tampoco recuerda tu hijo que nadie le dijera nunca cuántos años le cayeron de condena. Lo que sí sabe es que ingresó en la cárcel y que al cabo de tres años, cuando murió el dictador que había usurpado sus derechos a la sociedad y en mucha mayor medida a las mujeres, se concedió una amnistía o un indulto, como lo iba a saber él, que puso en la calle a su padre sin que nadie le exigiera ni un tiempo de rehabilitación o reeducación ni se le sometiera a ningún tipo de vigilancia.

Así es como se ha juzgado a los hombres a lo largo de nuestra historia, como si de pronto hubieran tenido un mal momento, les hubiera alcanzado una ráfaga de viento, o un rayo imprevisto y pasajero de locura hubiera abatido su conciencia, golpes momentáneos, carentes de voluntad ni premeditación, destinos insidiosos de un azar que corre por el mundo sin contención y que habita por unos segundos en las mentes y los designios de una persona honesta, que por supuesto merecen un castigo ejemplar pero que en absoluto constituyen un crimen tan espantoso como los de los salvajes delincuentes que pueblan nuestra sociedad. O incluso actos que tantas veces se han considerado violentos que nacen en el corazón de los hombres dominados por la pasión y el amor por una mujer que si bien son homicidios, quién puede negarlo, tienen el atenuante de haber sido provocados por el profundo dolor que siente un hombre cuando pierde al amor que da sentido a su vida.

Tal vez tú, querida Mari Carmen, conoces más que yo esas teorías cuyas consecuencias debiste de sufrir incluso antes de morir. Tú sabes lo que la sociedad piensa del hombre que mata a su mujer por «amor», y en ese amor incluye el derecho a la propiedad, pero también conoces como esta misma sociedad, formada por tus vecinos, por tus amigos, por seres de tu propia familia, está dispuesta a cargar la culpabilidad sobre las espaldas de la mujer cuando la pareja va mal y el hombre pierde el control de sus actos. Y más entonces, cuando tú vivías, la mujer era siempre la gran culpable. Así debiste de sentirlo tú como lo sienten muchas mujeres todavía, porque cuando lo abandonaste no te escudaste en motivo alguno para dar una explicación a tus padres sobre lo que te había llevado a separarte, te limitaste a esperar de ellos la acogida y el cariño. Sí lo comentaste, en cambio, con tu hermano Pepe, y hoy por hoy, tu hijo que ya tiene treinta y ocho años y acaba de salir de un largo proceso de angustia que le ha impedido enfrentarse a un hecho de su vida que ni conocía ni entendía, no sabe aún que te llevó a separarte e irte a vivir con tus padres. No sabe aún si hubo vejación, desprecio o simplemente desamor, aunque después de cientos de horas de pensar en ello, se pregunta si fuiste sometida a malos tratos físicos, porque conociendo a su padre le parece que maltrato psíquico sí los debió de haber.

Es que para poder dirigirte esta carta, Mari Carmen, he hablado con tu hijo. Tuve con él una larga conversación que me ha mostrado el panorama que dejó tras de sí tu asesino, asolado por el terror ante lo que había sucedido que provocó un silencio todavía más pernicioso para la mente y los sentimientos de un niño.

Cuando ocurrió el crimen tu hijo fue a vivir con tus padres y tus hermanos y aprendió a amarlos y a sentirse uno más de aquella familia sobrevenida hasta tal punto que se le borran las distancias entre abuelo y abuela y padre y madre, y entre tío y tía y hermano y hermana. Tú habías muerto en un accidente, fue imaginándose poco a poco, pero le faltaban detalles que acabaran convenciéndole de que así fue, porque en aquella casa el dolor y la angustia de comunicarte una tragedia de tal envergadura, los sumió a todos en un oscuro silencio que como una niebla amarga le envolvió durante muchos años. Silencio provocado por el miedo que no dejaba hablar a los mayores pero que a tu hijo le impedía preguntar. Y cuenta él que a medida que fue haciéndose mayor y que cambiaron las circunstancias que iban conformando su propia vida, fue barruntando una solución para colocar en orden una serie de hechos que se mostraban a retazos como piezas de un puzzle que pocas veces encajaban, cambiándolas de lugar al mismo tiempo que él cambiaba de casa y de familia.

Pero fue tu ausencia la que provocaba el agujero más negro de aquel universo confuso y convulso que un niño debía desentrañar rescatando de la memoria los hechos que difícilmente podía recordar de cuando tenía un año y medio o dos, porque no tenía más fuente de información que la que ocultaba su propia conciencia, su memoria.

Cuando tenía cinco años, P., tu asesino, salió de la cárcel con el convencimiento de que lo que había ocurrido pertenecía al pasado y que por tanto no merecía la pena hablar más de ello, con el pretexto de que ya lo había pagado. No como merecería en un estado de derecho, es cierto, pero desde su punto de vista estaba en paz. Y hasta hoy así ha actuado, como si este pasado nunca hubiera existido. Reclamó entonces la patria potestad de su hijo, que le fue concedida y al poco tiempo Alejandro tuvo que cambiar de nuevo de ambiente y de familia y se fue a vivir con su padre.

Alejandro ya lo conocía, porque sus abuelos paternos lo habían llevado a verlo a la cárcel en varias ocasiones diciéndole que estaba en un cuartel del ejército. Un niño es siempre crédulo pero cada vez había más piezas que ordenar en aquel rompecabezas y aunque entre las infinitas posibilidades que se le ofrecían jamás pensó que el secreto residiera en un feroz asesinato, según él mismo reconoce, al ver que los abuelos de un lado y de otro apenas se hablaban comprendió que a la fuerza su padre debía de haber tenido cierta responsabilidad en el accidente de su madre.

El vacío que crea una presencia que ha colmado de amor los primeros años de la infancia, aunque no se recuerde nada de ella, es tan abismal que deja sin recursos a un niño que al mismo tiempo ve complicarse su vida por momentos sin que logre desentrañar la razón de lo que ocurre. Alejandro dice que apenas recuerda la sucesión de hechos que se sucedieron en aquellos años. Algunos de ellos le provocaron tal sentido de culpabilidad que junto con el poso de ignorancia que ofuscaba sus sentimientos y el concepto que tenía de sí mismo y de su propia vida, acabó desdibujándose su memoria, como si creara una defensa contra todo aquello que no podía comprender y que sin embargo le torturaba, y dice que sólo recuerda con precisión milimétrica las distintas casas donde vivió pero que ha perdido el recuerdo de lo que sucedía en ellas. «Mi infancia es una nebulosa, tengo muy pocos recuerdos».

Una vez se hubo ido a vivir con su padre, no volvió a ver a sus abuelos maternos hasta al cabo de muchos meses, en que una nueva sentencia le autorizaba a estar con ellos un día a la semana y un fin de semana de cada dos. Pero cuando los vio no los reconoció.

«Un día salía de los agustinos, el colegio al que iba en Madrid, y bajaba con mis compañeros las escaleras hacia el vestíbulo donde había muchos padres esperando. Entre ellos descubrí a una pareja que me miraba con insistencia pero yo no sabía quiénes eran y al pasar junto a ellos, oí que me llamaban por ni nombre ¡Alejandro! Sólo entonces los reconocí, eran mis abuelos maternos».

Esa noche, de nuevo en casa, el abrazo colectivo de la familia que lo recibió, abuelos y tíos —padres y hermanos—, la fiesta que lo esperaba y el amor recuperado aunque sólo pudieran disfrutarlo un día, hicieron resurgir ese sentimiento de culpa que nos acecha y pretende ocupar siempre el lugar del conocimiento, como si quisiera dar una explicación más lógica y más coherente a lo que vamos descubriendo: la culpa que había atribuido a los abuelos porque creía que habían sido ellos los responsables de que se hubiera ido a vivir con P., se transformó en el peso de una culpa propia por no haber sido capaz de reconocerlos a pesar de haberlos echado tanto de menos. ¿Lloró esa noche Alejandro, cuando a las diez de la noche tuvieron que dejarle otra vez en casa de su padre, según dictaba la sentencia del juez, por dejar a sus abuelos, o por el remordimiento que le producía haber descubierto que los había hecho responsables de lo que él vivió como su abandono? ¡Cuántas dudas y cuánto dolor caben en un niño que crece sin comprender de dónde proceden los vientos que lo azotan!

Durante muchos años duró este régimen de visitas, pero nada, ni los reencuentros, ni las ausencias, ni las despedidas, lograron romper la cortina de silencio que había conocido desde niño.

Su padre nunca le habló de ti, ni le dio la menor pista de su intervención en tu muerte. Ni él le preguntó jamás. «Nunca tuve buena relación con P., sin que pueda achacarlo a nada en particular porque entonces no sabía, ni lo supe hasta que tuve dieciocho años, que él había sido el asesino de mi madre. Y luego... pero luego ya todo fue distinto, después supe y entonces quise descubrir qué escondía su corazón, qué lo había impulsado al asesinato. No fueron los celos, estoy seguro que no. Sangre caliente, es lo que tenía, y orgullo y un profundo sentido de la posesión. No pongo en duda que él me quisiera pero yo no lo percibía. Simplemente no me gustaba, como no nos gustan muchas personas que nos encontramos en la calle o en un curso o en el trabajo. Si lo conociera y no fuera él también me caería mal».

Alejandro vivió infinidad de situaciones con los cambios que su padre provocaba en la vida de todos. Su segundo casamiento, su nueva paternidad, su divorcio, y a los catorce años se fue definitivamente a vivir con sus abuelos maternos.

¿Y qué ocurrió con los abuelos paternos, con los padres de P.? Le pregunté.

«Murieron, mi teoría es que murieron de pena, estoy convencido, y me gusta pensar que fue así porque, a pesar de que siempre mantuvieron la distancia con mis abuelos maternos, lo que comprende muy bien, de algún modo me acerca más a ellos. No debe de ser fácil ser los padres de un asesino aunque te mantengas a su lado, no debe de ser fácil el trato ni tampoco aguantar la mirada de la sociedad. Mi abuelo paterno tenía cuarenta y cinco años cuando murió, y ella poco más. No son edades para morir, a no ser que un peso de dolor te aplaste el corazón».

Ya comprendo que es duro, querida Mari Carmen, que un hijo tuyo desconozca cómo te fuiste de este mundo y no sepa durante tantos años quién ha sido el responsable de tu desaparición, ¿no es cierto? Y sin embargo, tú misma que conociste bien a tus padres, podrás comprender lo difícil que es tomar una decisión en este sentido. ¿Tiene un niño que saber que su padre es un asesino? ¿Tiene que saberlo algún día, o no tiene que saberlo jamás? Y si tiene que saberlo, ¿a qué edad hay que decírselo?

Al parecer fueron tus padres quienes, junto con sus hijos, tomaron la determinación de decirle a Alejandro la verdad de su vida. Y fue uno de sus tíos, Pepe, quien se lo dijo un día cuando ya tenía dieciocho años.

Debió de ser una larga conversación, entrecortada, tensa, en la que Alejandro debía rellenar los vacíos que se iban produciendo. Así la resumió tu hijo un poco a trompicones, tal vez por la emoción o el dolor, cuando la recordó el día que nos vimos: «Cuando eran novios ya se veían ciertas cosas raras en el trato. Ella se quedó embarazada y decidieron casarse. Maltrato físico como tal no lo sé, mucho maltrato psicológico debió de haber, también me han dicho que me maltrataba pero yo no lo recuerdo. Era y es de mal carácter, cogía comida y la tiraba por la ventana, esto sí lo recuerdo de cuando yo ya era mayor. Era policía, guardia civil, inspector, no sé, tenía y debe de seguir teniendo un carácter muy duro, aunque estoy seguro de que era una persona de honor, que luchaba por su patria, pero era muy machista con mal pronto y mal genio. Mi madre se fue, se separaron, yo ya había nacido y tenía un año, y entonces empezó la segunda parte, el acoso brutal, no por amor sino por despecho. Mi teoría es que creía eso de que *esta mujer es mía y tiene que hacer lo que yo le digo*. Un sentido de posesión desproporcionado. La sociedad era la que era. También mi abuelo era muy recto, muy duro, pero ni mucho menos como él. Aunque estoy seguro de que por su forma de ser debió de echar leña al fuego: *ella es tu mujer y tiene que vivir contigo*. Según me dijeron, P. la sometió a un acoso agobiante, la seguía por la calle, iba detrás del coche cuando nos íbamos de vacaciones, la vigilaba a todas horas pero no como un espía sino a la vista de todos, sólo para generar tensión y miedo. Mi madre estudiaba Farmacia, y entonces a él se le metió entre ceja y ceja que le ponía los cuernos. Ella iba a menudo a estudiar a casa de unas amigas donde también iban algunos chicos de la universidad, risas y copas supongo, y el día 24 de marzo se presentó en el portal y cuando salía mi madre le pegó tres tiros y luego se fue a entregarse a la policía. Así viene en los papeles del proceso. Cuando me lo contaron yo escuché los tres disparos, y no me cuesta nada volver a escucharlos si pienso en ello. Tenía dieciocho años y hacía más de doce o trece que le daba vueltas al accidente de mi madre, que me dedicaba a suponer, imaginar, no preguntar, montarme mi propio mundo. Lo único que encajaba era que mi madre no estaba por algo que había hecho P., pero cuando oí esos tres disparos todo se encajó de golpe, como la última pieza de un puzzle. No podía respirar. Salí a la calle y llamé a un amigo, y cuando le hube contado lo que acababa de saber me dijo: «Ah, ¿es que no lo sabías?» Y me di cuenta entonces de que a mi alrededor el asesinato de mi madre era un hecho conocido por todos desde siempre y el silencio en el que había vivido se me hizo más denso aún y me sentí mucho peor».

Nada puede cambiar el pasado y las consecuencias que un acto tan doloso, perduran en los que lo sufrieron mientras vivan, pero si fuera posible que me oyeras o tú o las miles de mujeres que han sufrido malos tratos y han visto o previsto cómo se iba a desorbitar la vida de sus hijos, te repetiría las palabras que me dijo Alejandro, tu hijo, al final de la entrevista: «Ahora estoy muy bien conmigo mismo, sé que no soy el único implicado, sé lo que somos todos lo que somos por lo que hemos vivido y por lo que hemos visto». Todavía no tengo toda la información de mis hermanos ni de muchos conocidos, ni he hablado con las amigas de mi madre. Me cuesta, pero no tengo prisa, me siento mejor. Estoy dedicándome a la recuperación de la historia de mi infancia, del rostro de mi madre borroso aún a pesar de las fotografías. Claro que tengo fotos, pero las fotos no tienen significado si no hablo de ella, es la mejor forma de homenajearla, de recuperarla y mantenerla todo lo viva que puede estar con la memoria. Ahora hablamos... Hemos roto el silencio lo que ha supuesto una terapia para toda la familia, porque de hecho hemos roto un tabú. Y poco a poco me voy sustrayendo a esa sensación de culpa que me atenazaba simplemente por el hecho de haber nacido, porque se había quedado embarazada y yo era responsable de su muerte. Sí, ha sido un proceso largo y difícil, pero ya todo se va poniendo en su lugar. Es posible que mi historia haya afectado a mi matrimonio, pero en positivo, me he sentido apoyado por mi mujer, y esto ha sido fundamental para mí. En cuanto a P. hace años que no lo veo, ni lo quiero ver, ni siquiera lo llamé *padre*, no al menos en los últimos años de nuestra relación, porque no lo consideraba mi padre. Mi padre fue en realidad mi abuelo. Y me gusta que sea así. P. no tiene ni idea del mal que me ha hecho. No creo que tampoco la tenga del mal que hizo a mi madre, que le cortó todos los años que hubiera podido vivir. Pero ya todo esto puedo verlo con distancia, como algo que ocurrió hace muchos años.

Es cierto, Mari Carmen, que a ti te cortaron lo único que de verdad tenemos, la vida. De ahí que desde hace unos años, desde que recobramos los derechos y tuvimos conciencia de la brutal lacra que azota a la humanidad entera y a nuestro país igualmente, trabajamos para que estos hechos no se repitan. Aun así cada año hay decenas de víctimas que creyeron en las vanas promesas de los hombres que las habían maltratado y no denunciaron los golpes y las vejaciones. Aunque sabemos que muchas veces quien recibe la queja parece la continuación del verdugo que han dejado en casa, aun así hay que denunciar porque es la forma en que se puede vigilar al delincuente y evitar que mate. Pero nos queda un largo camino por recorrer, el camino de la igualdad que en el papel y con la palabra todos reconocen pero que olvidan cuando un ataque de furia les hace levantar el brazo contra la mujer.

¿Puedes creer, Mari Carmen, que en este país nuestro todavía ningún político ha ido jamás al funeral o al entierro de una mujer víctima de la violencia de género, y en cambio se pelean todos por ocupar un lugar en la primera fila en los entierros de los soldados que mueren en el ejercicio de sus funciones o en el de los hombres y mujeres que han sido víctimas del terrorismo? No se dan cuenta de que las sesenta o setenta mujeres que este año morirán a manos de sus hombres o ex hombres, también son víctimas de un terrorismo que está arraigado en el corazón mismo de una gran parte de la sociedad por las misteriosas creencias que han educado a los hombres en una ultrajante autoridad y a las mujeres en la excelsa sumisión.

Los tiempos han cambiado, es cierto, y las leyes y las costumbres también, pero siguen sufriendo maltrato violento centenares, miles de mujeres, ricas y pobres, nacionales o extranjeras, y nada parece poder evitar que muchas de ellas acaben, como tú, asesinadas. Si vivieras hoy, querida Mari Carmen, tampoco ninguna autoridad ni civil ni política ni religiosa, presidiría tu entierro. Pero tendrías esa pequeña multitud de ciudadanos que han tomado conciencia de la brutalidad que corroe la vida y la muerte de tantas mujeres, acompañando tu cadáver hasta su última morada. Son los mismos que hoy hacen todo lo que está en su mano para que vuestra memoria no desaparezca sino que ayude a rectificar comportamientos, de tal modo que acabemos encontrando entre todos el camino que nos conduzca a un mundo mejor.

Adiós Mari Carmen, descansa en paz.